나도 아직 나를 모른다

不用完美，做個還不錯的人就好

韓國腦科學專家革命性療癒聖經，寫給每個感到自卑、焦慮、挫折、痛苦的你！

許智元 허지원——著
邱琡涵——譯

Contents

Part 3
不要被完美主義的不安所操控

Part
4
不要試圖尋找意義

Part 5

不要隨便亂說你自己

「你的過去，不代表你的未來。」

自序

與各式各樣的人見面進行研究或諮商時，可以看到隱藏在各自故事背後的影子。和他們所認識的自己截然不同，可能是就算注意到了也假裝沒看見，或是將其中一部分拉到意識層面以前，一直隱藏在意識背後的自我碎片，這全部都是那個人的面貌。

這本書是為了說服你的書。

我想告訴因為思考著低自尊、不安與憂鬱、人生的意義與自我價值而總是無法善待自己的你，也許你錯了。我想一直跟你說，你不是你所以為的那樣；可以的話，我真的想一直一直跟你說。

本書將從腦科學與臨床心理學兩個層面來觀察內心的問題。這兩個學術領域其實有很多重疊的部分，而人為地區分它們讓我有些在意，但我想以相同的主題來反覆傳達，大腦以及心靈想跟你說的話。

我的學問根基——臨床心理學，是以臨床實務與科學研究兩大軸心來發展的，透過心理治療與諮商者持續面談，並且必須機智地熟悉與活用最新方法論及研究結果的領域。

完成臨床與諮商心理學的碩士學位，並在精神健康醫學科接受三年訓練後，我選擇了當時大部分人還比較生疏的大腦認知科學專攻博士。因為我想，透過核磁共振造影（MRI，magnetic resonance imaging）的技術拍攝大腦，藉此以科學研究呈現心理治療的效果的話，說不定就能讓處在危急狀態的人下定決心盡快接受心理治療。

於是，我在過去十多年間，與優秀的教授們進行了許多研究，包括情感疾患、性格障礙、精神病高危險族群、自殘與自殺，到認知行為治療應用程式（心靈成長計畫「魔性的敲打」）、以虛擬實境為基礎的心理治療計畫的開發，以及利用核磁共振造影的效果驗證。

無論利用哪種研究方法論，無論是什麼主題，進行每次研究時，我的心態都是一樣的。

要做能拯救人的研究，哪怕只是一個人也好。

但隨著持續在大學教書與做研究之後，我開始漸漸感覺到，向一般大眾傳達心理學與腦科學相關知識的必要性。

如果透過更加舒適的文字向大眾傳達科學研究的話，是不是就不會只有一個人，而是可以向更多人說：「活下去也沒關係、期待也沒關係」了呢？

因為這個原因，於是第一本書誕生了。

當時為了寫稿，重新檢視了我內心的憂鬱與不安，因此寫得非常痛苦。那時候因緣際會之下，我在《精神醫學新聞》上連載文章，並得到了熱烈迴響。我還記得當時寄給我回饋的很多人；我記得那些因為我奇怪的幽默笑了，但又意外碰觸到自己的悲傷而哭了好久的人們；給了先罵你再給你糖吃一般驚人評語的人；給我「讀完之後心裡不會不舒服的文章」這樣一句對我來說很有意義的評語的人；還有默默用眼睛與心記錄下文章的所有人。我想對大家說，多虧了你們，我才能毫無動搖地完成寫作。

我真心感謝對於大學和碩士時期還不成熟的我而言，扮演著諮商心理師理想典範的安昌日教授，以及看著我跌跌撞撞一路走來的學術界前後輩們、同事們。

因為權俊秀教授不斷若無其事地向我展示科學洞察，於是我沒頭沒腦就栽進了學術界，從那之後到現在雖然每天都在「哇，這是什麼？」之中度過，但也因此我總是抱著感謝與尊敬的心拜訪權俊秀教授。

還有在研究會議期間，知道我正在寫書但不過問內容，反而是爽快笑著馬上說要幫忙寫推薦信，天生的研究者、天生說故事的人——張大益教授，也想對他表達真心的感謝。

以及向長時間擁抱我的不成熟，讓我走進安穩的愛，並以討人喜歡與令人尊敬的個性使我重新養育自己的老公李成動，與下班後就掛在我脖子上，每天吐露出充滿幸福與安定氣息的我的孩子，送上無法用言語表達的愛與感謝。

也想對公婆表達感謝，雖然他們什麼話也沒說，但因為這個各方面都很奇怪的媳婦，十多年來他們一直受到驚嚇。

最後，向我所有問題與解決方法的起源——父親許鴻泰、母親劉永信、雙胞胎妹妹許智秀，獻上深深的謝意。如你們所見，我能力還差得遠，很抱歉總是讓你們擔心我為什麼還不成材。我非常非常愛你們。

二〇二〇年十月

許智元　敬上

Part

1

努力但不要費力

即使是自尊看起來再怎麼高的人，也和我們一樣，有時候覺得自己看起來還不錯（可能你偏偏在這時候遇到他吧），有時候也經歷著跌到谷底的心情，只是一邊撐著、整頓心情然後繼續活下去而已。

Episode 1

戴著面具生活太累了——低自尊

「自尊感好像很低。」

K在面談的過程中，反覆說著關於自己的低自尊。

「在某些人面前這樣做、在別人面前又那樣做，我一直覺得這樣很偽善、做作。在家的樣子，以及朋友面前展現的樣子與職場上的樣子都不一樣。」

他的聲音無止盡地往下沉。

「那樣度過一天回到家之後，會坐著發呆好一陣子，因為實在太筋疲力盡了。有時候也會打開冰箱門站在那吹一下冷氣，好像是在想著要摘下我臉上的面具。為了得到周圍所有人的喜愛，我自己好像變成好多不同樣貌的碎片。但已經過了那個混亂的時期了，現在就像只是在安靜的監獄裡。」

K的話句句都十分堅定，想法也很固執。

他在家裡的時候，陷入沒有盡頭的憂鬱與孤寂，在外面卻又像什麼事都沒有一樣，和別人相處融洽。然後，回到家和媽媽或是妹妹在一起的時候，就「像瘋子一樣」發脾氣、說出會傷害他人的話，傷了家人的心。

他印象中從小學開始，就在只有媽媽的單親家庭長大，他得要獨自承擔家務。雖然經濟上沒有太大的不足，但是他代替上班的媽媽照顧自己和妹妹，一邊求學，這過程中從來沒聽過媽媽的稱讚或肯定。

「自尊感從沒有變高過。」

然後，為了得到包括媽媽在內，周遭的人的肯定，他所有事都盡心盡力，因此成就或是人際關係都還算不錯。但問題是，因為他過度不必要的偽裝，沒有人發現K的心一天掉進無底洞好幾次。

自己一個人的時間是最痛苦的。如果和別人在一起，為了炒熱氣氛會說些無聊的笑話，看到別人很開心，自己心情也會變好。

但那也只是暫時的，回到家魔法就會再次解除，變回悲慘的樣子。有時候會靠喝酒讓自己好入睡，覺得總有一天人們會因為發現自己的真面目而幻滅離開的恐懼感也逐漸擴大。

不久之前，某天下班回家在洗手時，突然迸出「自殘會怎麼樣呢？」的想法，才發現再這樣下去就要出大事了；也就是在那刻決定要接受心理治療。

「我在想這些到底是怎麼一回事，我已經厭倦每天戴著面具一邊演戲一邊生活了。沒自尊又假意地這樣靠說謊過活，不如消失在這世上怎麼樣呢？」

—腦科學家的話—

名叫「高自尊」的假象

使自尊（self-esteem）降低的因素隨處可見，並且會在我們的大腦留下長久的傷痕。許多心理學者與腦科學者為了我們，一直在追蹤發生這些事的原因。

根據研究，使自尊感變低的原因真的非常多元，其中最常被提到的就是養育孩子的人（以下稱主養育者）的放任、不關心以及身體與心理上的虐待。主養育者無法提供適合孩子的精神層面與物質層面環境，或是以病態的程度侵入孩子的內心，按照自己的意思操縱子女的這種養育態度，會造成孩子對自己存在的自信變得非常不穩定。

不只是家庭內的動力（dynamics，大部分與幼兒時期的經驗有關，在非意識下運作的心理力量或內在緊張狀態），個人落後的成就或外在情況也會產生影響。交朋友或談戀愛非常辛苦，或受到團體孤立的情況（低社會成就）；又或是無法找到自己想做的工作的情況（低職業成就），就很容易降低自尊感。

如此一來，在社會經濟層面上[1]，當有了自己明顯低人一等的想法時，我們又會無止盡地感覺自己變得很渺小。家庭失和也絕對是降低孩子自尊感的原因。

受到攻擊的經驗也是危險因素。就算不是直接的攻擊，對弱者施虐的媒體節目與社會氛圍、對少數團體的差別待遇，以及與這些相關的創傷經驗，也是在一個人一生中的每個階段，毀損自尊的危險因素。

遺憾的是，以上列舉的事件，對大腦功能甚至構造是會造成影響的。暴露在父母錯誤的養育、成就問題、攻擊性的環境時，大腦將無法充分成長，大腦的體積甚至會縮小；也就是大腦的灰質（grey matter）體積將會減小。

通常提到「大腦」時，腦中浮現的那個形象就是大腦的灰質，聚集了神經細胞並呈現灰色。灰質與情緒、注意力、記憶、決策等人類所有的精神活動有關；因此，灰質的體積若縮小，並不是好的徵兆，因為這正代表著解決問題所需要的硬體變得衰弱。

最終，使自尊感降低的因素將會對大腦造成影響，而大腦的問題再次引發各種自尊問題的危險性也很高。

剛剛提到「各種自尊問題」，那是因為低自尊確實會以多種樣貌展現出來：追求成就的慾望下降、憂鬱症之類的情感疾患或焦慮症，也可能有自殺意念（suicidal ideation）與企圖自殺。

相反地，也有對成就過度充滿野心、執著於像是成功或完美這樣的特定價值的人。這樣的情況下，有可能小時候的自尊感暫時是高的，但長期下來自尊感也會降低。可能因為運氣不好，或是上了年紀仍達不到渴望的成就，於是自尊感再次墜落是很常見的。

1 在心理學研究上，個人的社會經濟地位（socioeconomic status）是根據個人收入、教育水準、居住地的穩定/安全性，有時候父母的收入與教育水準等也綜合考量來決定的。

然而，雖然表面上展現出來的樣貌很多樣，但肯定有貫穿這些多樣面貌的主題關鍵字，也就是成就、野心。

生活當中也常用到的「自尊」一詞，是被譽為美國心理學之父的威廉·詹姆士（William James）於一八九〇年代首次引進心理學領域，而開始使用的概念。他當時以「成就程度除以個人目標值」的比例公式來定義自尊。

● 自尊＝成就程度 ÷ 野心

成就高且野心也高的話，當然是最好的；但儘管並非如此，只要是適度的野心，其實自尊就不會變低。威廉·詹姆士認為，為了維持高的自尊感，提高成就的程度或是降低對自己的期待，會是較明智的方法。

然而，經過了一九六〇年代，進入一九七〇年代時，形成了比起犧牲自己來奉獻社會，更強調專注在自己身上的趨勢，甚至出現孩子的低自尊往後會導致學業失敗的草率預測，營造了對個人的自尊賦予過多意義的氛圍。

無視個人的實際狀況，或其實原本程度適當的野心，宣揚著擁有高還要再高的自尊，才是帥氣、健康、成功人士的特徵的訊息蔓延開來。

沒有把威廉．詹姆士了不起的洞察聽進去，而是不著邊際地開始製造大量想要提高自尊就要取得成就，要取得那成就就要擁有更大野心的錯誤訊息。

尤其是在一九八〇年代與一九九〇年代，接連出現講述人生成功之道這類自我啟發書籍作家們「神棍式」的診斷。他們爆炸式散播個人落後的成就、人際關係問題，甚至生活中遇到的各種心理問題，全部都是低自尊所引起的理論，不斷追究個人的責任。

「都是因為你不夠努力不是嗎？」
「你活得有多激烈？」
「你那是自尊的問題。」

現在平凡的人們也都開始煩惱自尊問題了。這成了全球性的潮流，甚至到了出現檢查機構檢測三、四歲兒童的自尊的地步。在韓國也是如此，ＩＭＦ結束最後的浪漫時代，從二〇〇〇年代開始，成就與失敗被視為個人的資質問題，追究他人自尊問題的氛圍無限擴散。另一方面，為了不讓別人看見自己的低自尊，每個人都要付出越來越多的努力才行。

這裡不能被忽略的觀點是，絕對高或絕對低的自尊是不存在的。

我在課堂上說明所謂高自尊，就像是「善良的指導教授」、「不需要爸媽幫忙的孩子」一樣，是不存在於世界上的東西；如童話裡的獨角獸一般，只是假象。

市面上氾濫的自我啟發書籍所談的自尊的境界，到了「有必要這樣嗎？」的程度了。我認為我們的自尊是不可能達到那種程度的。雖然高自尊的框架不過是假象，但還是能經常看到這美好的幻象使我們的自尊降低的情形。

你認識在各種情況下都一直保持高自尊的人嗎？真的有那樣的人嗎？那麼，你認識低自尊的人嗎？嗯……就是我們吧，包含我在內的所有人。

當然也有自尊「看起來很高」的人，但他也是每天懷抱著上上下下不斷波動的自尊在生活的。

即使是自尊看起來再怎麼高的人，也和我們一樣，有時候覺得自己看起來還不錯（可能你偏偏在這時候遇到他吧），有時候也經歷著跌到谷底的心情，只是一邊撐著、整頓心情然後繼續活下去而已。

因此最近也使用狀態自尊（state self-esteem）一詞，意思是隨著生活的脈絡與各個關鍵時刻，隨時都可能改變的自我價值感；也表示，我們每個人都是懷抱著根據不同情況隨時可能改變的動態性自尊生活著的。

「自己感覺到的」自尊感、自我價值感越低，精神健康問題的危險性變高的傾向是肯定的。然而，再次回頭檢視的話，自尊問題並不是我們的人格成熟度或是社會、職業成就始終絕對的低所造成的。而是因為小看了自己的成就，並貶低自己；是以不會用在他人身上的嚴格殘忍標準，來自我評價（self-rating）所導致的。

不管我們的意志如何，希望我們都能對在這個強調自尊的社會如此努力生活的自己寬容一點。以和奇幻小說沒什麼兩樣的自我啟發書籍的標準來看，反正我們都是在和差不多的自尊打空拳。

希望我們能夠坦然看待有時候高、有時候低的自尊，不帶任何價值判斷。有時候從他人身上獲得良好回饋而感到自尊提高的話，那也是很好的，因為是值得感謝的事。依賴他人的評價是有危險的，所以並不是很值得鼓勵，但我們的自尊確實是以這樣的方式來提高的，我們的大腦本來就是這樣運作；比起傷害自尊的負面評價，我們更想聽好聽的話。

知名的神經科學家，同時也是加州大學洛杉磯分校（UCLA）心理學系、精神醫學系、生物行為科學系教授的馬修．利伯曼（Matthew D. Lieberman）博士，在他的代表著作《社交天性：人類行為的起點——為什麼大腦天生愛社交？》一書中，開頭便寫下關於「對觀眾的反應起反應的大腦」的內容。

稱讚是非常愉悅的獎勵（reward），是我們自尊的基石。例如像是讓心情好的觸感一樣，對愉悅的物理性接觸產生反應的大腦區域[2]，對於像是稱讚這樣提高自尊、讓心情好的心理性接觸也會產生非常類似的活躍反應。

2 透過功能性核磁共振造影（functional magnetic resonance imaging, fMRI）研究證實的後側腦島（posterior insula）。

仔細觀察自尊較高的人的大腦發現，與獎勵式快樂經驗有關的大腦區域[3]，與負責掌管自我概念（self-concept）的大腦區域[4]有緊密的連結[5]。也就是說，聽到稱讚感到愉悅的話，不僅僅是大腦的快樂區域，對於處理關於自己的資訊的大腦區域產生影響的可能性也是高的。

反觀自尊較低的人，這連結性則明顯下降。從他們大腦的連結構造來看，即使聽到稱讚，也會將此稱讚與自我概念當作兩件事分開處理。也能發現到比起正面的回饋，更專注在負面回饋的大腦活性化模式。

稍微對自己感到驕傲也可以的。

如此一來，我們的大腦一般在得到他人的稱讚時，便會視其為獎勵經驗，並且自動與自我概念連結。

在這裡，想再嘮叨幾句要叮嚀你的話；得到好的評價或稱讚時，應該要改掉反射性回答「沒有啦！」的習慣。聽到稱讚而感覺心情變好的話，希望你能坦然接受它。

當然如果突然被稱讚，可能會稍微感到尷尬與不自在。但也可能因為自認為自尊較低，而懷疑稱讚自己的人是否有其他意圖。又或者是像一直以來那樣，為了展現謙虛的美德[6]而回答「沒有啦！」。

3 透過擴散核磁共振造影（diffusion magnetic resonance imaging, diffusion MRI）研究證實的腹側紋狀體（ventral striatum）。

4 內側前額葉皮質（medial prefrontal cortex）。

5 在大腦的灰質內側，由神經纖維束組成的白質迴路（white matter pathway），妥善地連結著兩個區域。

6 和自尊的問題不同，在任何情況總是表現謙虛的人當中，有很多人是非常自戀的（narcissim）。我的博士課程指導教授曾說：不謙虛的人的謙虛，是種傲慢。「我做了這麼了不起的事，為什麼大家不尊敬我呢?」，直接表現出這種過度的自戀與野心太危險了，因此採取完全相反的防衛機制，也就是出於反向作用（reaction formation）的謙虛。我們真的做到值得謙虛的大事時，再表達謙虛就可以了。小小成就得到的小小稱讚，就接受它吧。

然而，回答「沒有啦！」的話，真的就會變成沒有。你會被自己的話所束縛，而認為「不是的，不是我做得好。」聽到的人也會想「嗯？看來不是啊。」

如果有人給予稱讚，但你總是認真地回答「沒有啦！」，周圍的人便會漸漸對稱讚產生猶豫；反正你也只會回答「沒有啦！」，那何必還要稱讚你。如此一來，被稱讚的頻率降低了，於是我們在某瞬間又會再次陷入「思考」。

「為什麼都不稱讚我呢？我真的是沒有用的人嗎？」

在後面談到「不安與完美主義」時會再次提到，大腦對於來自自己內在與外在間的訊息落差或錯誤，反應會越來越敏感。為了解決這樣的認知不和諧，而進入習慣性貶低自我價值，與曲解他人意圖的惡性循環的危險也會提高。

因此，你只需要回答「謝謝你的稱讚。」來表示感謝，或是認真練習笑著說「是嗎？」多說幾次就會進步了。有人稱讚你的時候，別想東想西，建構不必要的迷宮，希望你能順其自然地感受愉悅的「感覺」。

小時候你的大腦就是那樣自然地運作的；自在地接受大人的稱讚，而且心情很好。在持續自然地接受偶發但重複的正面回饋的過程中，一直以來只對負面回饋產生反應的大腦線路，也會漸漸改變。

這次你可能真的做得很好。
不要讓你的大腦那麼累。

一千個面具

—臨床心理學家的話—

低自尊與情感疾患、焦慮症、自殺行為等有密切相關。

要怎麼做才能從低自尊的枷鎖解脫呢？

自尊的高低很大部分主要決定於父母的養育態度。但遺憾的是，我們小時候，包括我們的父母在內，我們的主養育者並沒有辦法像心理學教科書裡說的那樣撫養我們。當二、三十歲的主養育者因煩躁而對孩子感情用事時，孩子們在不明所以的狀態下，必須照單全收那些負面情緒。主養育者被自己人生的重量沉沉壓著，持續著憂鬱的生活而導致無法照顧小孩的同時，孩子承擔著自己人生的重量，有時候甚至連同父母人生的重量一起承擔，撐過獨自一人的時間。

考量到包含家庭在內的社會性關係對孩子的自尊發展扮演著決定性角色

此一事實時，這絕對是大問題。然而，許多心理問題都是如此，退一步才能看到全貌。

試想看看爸媽生你的時候他們幾歲呢？和你現在的年紀差多少呢？僅憑回想他們的年紀，就能看到他們有多年輕、有多麼不成熟地想要控制我們的那個全貌。

遺憾的是，主要養育我們的那一代，很可能沒有經歷過溫暖的愛，或是連表達愛的機會都被剝奪了，也許年紀輕輕就迫於社會壓力而決定結婚，對自己未來的人生無所適從、感到徬徨。

說不定他們也不清楚自己的性別認同（gender identity）或是性取向（sexual orientation），可能也不知道自己對於職業成就相關的真正渴望是什麼。總之，他們不了解自己，且仍舊不成熟；那時代就是如此。

若長期處在主養育者不健康的態度下，孩子便會產生自毀性思考與情感，因為在這無法理解的世界裡，孩子堅持下去的方法只有想著「都是自己的錯」。

現在我並不是要跟一直以來受原生家庭問題所苦的人說：「看看主養育者的苦衷，原諒他們吧。」這樣不妥當的感性喊話。然而，我們有必要保持距離，以抽離的狀態來看待當時的情形；因為唯有客觀地判斷當時的情況，才能處理現在一團混亂與被汙染的情感。

「我沒理由被那樣不當對待，但確實有過那樣的情形，而這並不起因於我的過錯或缺陷，這也是事實；他們以當時的年紀來說，剛剛好地非常不成熟。」

雖然主養育者們艱難地以各自的方式支撐著自己的生活，但如果他們能夠稍微再溫暖一點撫養我們那就好了。至少，不帶任何目的，只要看著我們的眼睛，經常笑著說：「你不用刻意做什麼，我就是喜歡你本來的樣子。」那麼在我們正式展開人生時，也許就能表現出很高的自尊。

然而，年輕又不成熟的主養育者，並無法好好照顧更小的我們。在把我們的自尊提升到健康程度的課題上，「他們」失敗了。雖然是非常遺憾的事，但這就是過去運氣不好所發生的事實。

但有個一定要問你的問題。他的失敗一定要視為自己的失敗嗎？那過去的事確實造就了今天一部分的你，但現在其餘的你是什麼模樣呢？過去可能因為各種情況，導致提高自尊的機會不足。但儘管如此，與其停留在「偏偏找上我的不幸」，我想你是為了觀照自己與你的自尊，所以才正看著這本書。

因此，我想在這裡補充幾個提高自尊的方法。

首先，糾結於家庭並表達憤怒是沒有幫助的。此外，根據最近的研究，越是表達憤怒，情況會更加擴大。

宣洩是可以透過觀察他人的故事來經驗的，像是閱讀書籍、看電影或聽音樂。然而，向實際對象表達沒辦法整理好的憤怒，只會增添之後的不悅、罪惡感與羞愧而已。

可能會對家人發脾氣吧，但那樣是無法解決事情的。為何要持續毫無成果與目標的情緒表達呢？如果這麼做，可以消氣又能解決問題，那當然是沒什麼好阻止的，但「沒有事情」是可以靠發火解決的。

請不要捲入其中。與其如此，可以的話，應該與降低自己的自尊的家人保持物理上與心理上的分離。尤其如果你認為，是因為無法得到家人無條件的支持與接納的經驗，使你自尊降低的話，那麼現在重要的是，與能夠提供你成熟的再養育（reparenting）且舒服的人在一起，得到建構成熟的內在的機會。

這裡所謂舒服的人，是能肯定原原本本稱作「我」的存在的人，可能是心理治療師，可能是愛的人，也可能是自己。

和他們分享內心的過程中，如果聽到鼓勵或支持你的話，請接受它。

請不要總是想探究對方的好意有什麼目的，或是出爾反爾。

你自己看不到或是害怕看到的優點，對方正看著。請原封不動地接受關於你自己的無數個故事，並慢慢重組你零散的碎片。

第二，必須「假裝」自尊高。但這並不是要你模仿只有表面上有信心的人的態度，而是請持續練習，讓內心擁有高自尊的人會做的行為，滲透到你的態度裡。

- 「假裝」完全專注在自己的生活上
- 務必抑制對中立的話語過度防衛與嚴肅的反應模式（就算心裡感到不舒服），「假裝」若無其事

- 遇到不舒服的情況也以幽默的方式「假裝」回應
- 「假裝」自然接受一個人吃飯或獨自一人的時間
- 無論失敗或成功的可能性如何，「假裝」不在乎他人的評論
- 最後，不要所有事都上傳 Facebook 或 Instagram

這些「假裝」在某個瞬間，會為各位打造出安穩又有效的「面具」的。

其實，瑞士的精神醫學家榮格（Carl Gustav Jung）借用古希臘戲劇使用的面具（persona）一詞來做心理學意義解釋時，這詞並不像現在一樣具有貶義。

據榮格解釋，我們每個人都是為了適當地回應社會壓力，而帶著「一千個面具」生活著，隨著各種不同情境戴上恰當的面具人格，以建立社會關係。但是與這樣的面具人格有關的壓迫、孤立感或膨脹，會變成病態性的問題。

面具越多越好。

獨處時的自己，和他人在一起時的自己，以及社會生活裡的自己，理所當然應該都不一樣。如果你以在家裡時的面貌與態度，參與重要聚會，那反而才是生病的狀態。

假如你向朋友B介紹了朋友A，但是A不想要表現虛假的自己，而做了在家才會有的言行舉止，你跟B應該都會被A的無禮嚇得驚慌失措吧。

如果你執著於「自己所知道的自己」與「向他人展現的自己」必須一致，如果你誤以為那是高自尊的人的特徵的話，那麼這想法是必須修正的。你的各種樣貌中，可能也有他人難以接受的一面；但過度在意這件事、過度賦予意義的話，很容易產生連自己脆弱的一面都能接納的人才是真正的朋友、才是真愛的幻想。

與你的低自尊有關的一面，只有你和你的心理治療師知道就夠了。你和你的心理師必須找出對付低自尊的方法。但請別試圖向周圍的所有人展示你的每一面，並一一說明與辯解。他們也每天過著各自沉重的生活，有時候也為了你戴著面具。

就如同性格（personality）一詞是從面具（persona）衍伸而來一般，我們的性格本來就是多面向且複雜的。可能很具社交性但同時又喜歡獨自一個人；可能很能同理他人，但又比誰還會嚴厲批判他人，這就是我們。

雖然我前面也說過了，沒關係的，擁有一千個面具並不是低自尊的體現，並不是足以揪心痛苦的問題，更不是阻礙人生的障礙物。

有一個看起來自尊很高的面具很好，有一個對他人親切，且看起來很會社交的面具也很不錯。只要在不勉強的情況下，能隨著不同情境適當使用不同面具，不管擁有多少面具都沒關係。

我們的面具並不是出於低自尊的偽裝，也不是為了迎合他人的偽善，只不過是要有智慧地生活所需要的人生技能與技術而已。

今天的功課

你的自尊一直都是偏低的，還是偶爾也會提高，又或是仔細想想其實還算不錯呢？舉出具體的例子，自己再次慢慢重新檢視。

此外，即使仍無法輕易擺脫貶低自己的習慣，但思考著我們非常多面向、多樣貌的自尊與性格，體驗偶爾讓心情好的自尊提升，一邊說：
「嗯，我今天還不錯。」
一定要牢牢記住這些成長的瞬間。

如此一來，我們會每天一點一點成為更好的人。

Episode 2

不好意思，都是我不夠好
——外顯自尊與內隱自尊

P看起來工作能力與社交能力都不差，但儘管在可以舒服自在對待他人的情況下，他仍舊常說類似「都是我不夠好才這樣」、「是我太無知了」之類的話，因為他過度頻繁說這種話的習慣，讓身邊的人對於對待P感到更加不自在。

他這樣的語氣，在治療過程中也毫無例外地不斷出現。當我澄清（clarification）過去事件一致的心理主題時，或者試圖詮釋（interpretation）P所表現的行為時，他就會說「那時候我太不足了」、「都是我的不對沒錯」，展現出過度順從的模樣。

因此我們的諮詢常常中斷，很難進展到更深層的洞察。也因為這個原因，即使P的心理諮商進行一段時間了，也很難從起點向前邁進幾步。

其實P決定接受心理治療，是因為雖然他表面上看起來是自責的態度，但卻很難控制內心的熊熊怒火。現在，不舒服的情緒很容易時不時透過表情顯露出來，感覺似乎只是在等待累積的憤怒爆發的瞬間。

根據P的描述，從某個時刻開始，在公司工作的時候，因為「不管再怎麼清楚說明卻還是聽不懂的」後輩們，他總是會湧上怒氣且嚴肅起來，因此氣氛經常變得很僵。和「不像前輩的前輩」一起工作的話，他們起初雖然會聽從指示，但卻對被交代的事感到不爽，而把事情處理得一團糟，因此聽過好多次別人說了不好聽的話。

如此一來，每當發生這種事時，P便會傳送「因為我造成不便，不好意思。」之類的簡訊給同事，同事們也不會再回覆什麼了。反覆說出自己的不足的同時，他的表面自尊已跌到谷底，到了人們甚至懷疑P是真的這麼想的程度。一個人獨自那麼生氣，又突然感到抱歉與愧疚，那麼相處起來肯定不會是自在的人了。

「勃然大怒」的同義詞是低自尊

——腦科學家的話——

稍微想一下自己的自尊是什麼程度。馬馬虎虎還算不錯嗎？偏低嗎？或是非常高呢？

大部分的人會將自己的自尊評得較低，而這情況所表露出的行為大致可分為兩種。

首先是因為低自尊，而在社交方面畏縮的人。這類的人因為依賴他人，因此對關於自己的評價非常在意及敏感。

雖然每當這種時候，他們就會說是因為對什麼事都很容易感傷或感動的感性個性所致，但正確來說，是因為情緒的高度不穩定性，隨時就心慌意亂、焦躁不安。

雖然不是正式的心理學用語，但有「好孩子症候群」此一說法。依賴他人的人，往往會以此來稱呼自己的性格，且不忍面對自己潛意識的慾望或不安，而裝作不知道。為了在對自己不友善的環境中生存，於是養成了根深柢固的習慣，不向壓迫自己的外在對象表露出負面情感。這類型的人，從很久以前開始，便刻意表現出對他人寬容的態度，卻嚴格地把自己逼到牆角。

如此一來的結果是什麼，那就是比自己實際能力還要低的成就。如果他們說自己所擁有的資源是一百，不知為何，他們的成就程度就只停留在七十、八十。

對這類型的人而言，人生的每個階段都重複著類似的經驗；在憑自己的能力充分能承擔的關鍵成就時刻，突然做出意外之舉，來逃避成功或表現出拖延的樣子。

認為自己沒有成功的資格或能力，且害怕自己要是真的成功了，會被好勝心強的人指責，或是無心傷害到停滯不前的人。這樣的不安，可能會浮到意識之上，也可能在潛意識的層次移動。

因此，這類型的人經常在關鍵時刻覺得身體哪裡不舒服，或是對某些地方感到不滿意而中途放棄。等到事情大有進展的時候，才覺得哪裡不對勁而停止往下一步前進。久而久之，突然發現自己來到了並非小時候所夢想的位置，而因此感到內心崩潰。

也會被像是不想再扮演「好孩子」、「我都做到這地步了，那個人是怎樣？」、「我曾有很多夢想的，怎麼變現在這樣？」種種想法，以及無法壓抑的憤怒所籠罩。而身邊的人可能會感到困惑，「他……生氣了？他會生氣？」

相反地，也有人因為低自尊，而採取過度附加一層又一層補償（compensation）的策略。這樣的人，以傲慢自大的態度擺架子，什麼事都自誇，特別努力向他人展現完美主義的樣子。雖然是任誰都很難接受的醜態，但他們卻過度評價了自己的魅力與能力，很難有修正行為的空間。

根據他們自己的說法，雖然小時候也有點畏縮，偶爾也有人際關係問題，但現在對他人都很寬容，對自己人生的一切都充滿自信。周圍的人聽到這話可能心裡會想：「寬容？但發那麼大的脾氣？」但也不會說出來，因為反正他也不會聽。

看起來自尊低的人，以及過度補償低自尊的人，都會在意想不到的地方表露出憤怒或是好勝心。

對他人的缺點或失誤勃然大怒、火冒三丈，或是其實沒那麼嚴重的事，卻兇狠責罵他人。若感覺到自己的自尊或存在的理由受到威脅，就會試圖展開先發制人的攻擊，使周遭的人感到錯愕。

「勃然大怒」的同義詞，就是「低自尊」。

P的情況就是如此。

但其實問「那個人的自尊是高還是低」這樣的問題，對於理解一個人的行為是沒有任何幫助的。這個問題需要更加準確一點，不是單純地問自尊的高低，而是應該觀察「外顯自尊（explicit self-esteem）與內隱自尊（implicit self-esteem）的關係如何」。

先從結論說起的話，P是外顯自尊低而內隱自尊高的例子。

自尊大致可分為外顯自尊與內隱自尊。外顯自尊就像自我偏愛、自我接納、自我價值感一樣，是向外表露的自尊；以（自以為）合理且自覺的標準評價他人眼中的自己，是有意圖且可控制的顯性自尊。

「我是在這樣的情況下，依舊取得了這樣的成就，遇見這樣的人、擁有這樣的外表的人。」像這樣充滿自信地評價自己，即可稱作是高外顯自尊。

與此相比，內隱自尊則在我們的內在無意識地、自動地運作。默默複雜運轉的內隱自尊具有以下特徵。

第一，內隱自尊是前意識（preconscious）的。前意識是西格蒙德・佛洛伊德（Sigmund Freud）所提出的概念：雖然平常不記得，但並非被壓抑在潛意識層次，因此當拋出問題或線索時，可透過回想拉回到意識層面的東西。

例如當被問到小學的時候是怎樣的學生時，忘卻的記憶會像復活一樣，回應道：「啊，這麼一想，我那時候是那樣的孩子呢！」這便是表露了前意識的自尊。

第二，內隱自尊是自動且結合的狀態。內隱自尊是太熟悉而無需控制，或沒有控制的機會，就像自動販賣機一樣的自尊。

當發生與過去相似的情況時，負面的自我認知可能就會跑出來；遇到令人想起過往不好回憶的情況，就會想「是啊，我本來就是那樣……」而習慣性地自責。儘管表面上看起來是自尊高的人，但這時就可觀察到無法擺脫受過去影響的模樣。

第三，內隱自尊是迅速以非語言的方式展現出來的。內隱自尊並非以「我是這樣那樣的人。」的話語來表現，而是以關於自己「不知為何就是如此」的想法與形象來展現。

投射測驗（projective test）是引導人們對模糊的刺激自由反應，接受測驗刺激來投射自己獨特心理狀態的心理測驗方法，其中有一項稱作屋樹人的畫圖測驗，藉此經常可觀察到個人自尊的片段。（在此不會具體說明會有什麼反應，以免日後你有機會接受測驗時，受到影響[7]。）

第四，內隱自尊緊密地與自我概念相關的自我意識情緒（self-conscious emotion）連結。因此，在內隱自尊不穩定的情況下，雖然平常可能不自知，但會突然湧上自責、侮辱、羞愧、猜忌等負面自我意識情緒，而感到崩潰。

像這樣，個人的外顯自尊與內隱自尊可從情感、思考、記憶、行為等不同層面來區分。

那麼，大腦如何處理外顯自尊與內隱自尊呢？

以一般人為研究對象的既存研究指出，與此兩種自尊有關的大腦區域相互重疊，很難清楚區分[8]。因多體素模式分析（multi-voxel pattern analysis，MVPA）的導入，可做到更加細緻的大腦影像分析，於是二〇一八年有研究

7 心理學稱此為「反應汙染」。既然知道心理測驗的評分方式，就很難做出真實的反應，而容易有受汙染（有意圖的）的反應。因此，受過專業訓練的臨床心理專家，並不會上電視仔細解說畫圖測驗，因為這是違反倫理規範的。

8 與鮮明的概念性區分不同，根據目前為止以一般人為對象進行的大腦造影研究顯示，無關乎「外顯自尊」、「內隱自尊」的分類，自尊整體都是由相同的大腦區域處理的。雖然報告指出背內側前額葉皮質（dorsomedial prefrontal cortex）及杏仁核（amygdala）對高外顯自尊有更高的相關性，但大致上，內側前額葉皮質、楔前葉/後側扣帶皮質（precuneus/posteria cingulate cortex）、腹內側前額葉皮質（ventromedial prefrontal cortex）、腹側紋狀體、膝下前扣帶皮質（subgenual anterior cingulate）無差別地處理這兩種類型的自尊。

發現，處理內隱自尊的區域唯獨與大腦的獎勵迴路（reward-related regions）有關；但該論文的作者們（考量到過去已有研究發現大腦內的獎勵區域與外顯自尊也有關係）也下了暫時性的結論，認為負責掌管外顯自尊與內隱自尊的大腦區域相似。

有趣的是，此獎勵區域透過得到他人的肯定或稱讚，也會變得活躍；抱持著感恩（gratitude）的心情時也會變得活躍；實際上能經常意識到自己的生命有價值一面，並常有感恩經驗的人，外顯、內隱自尊則都是高的[9]。這部分的因果關係還需要更進一步探究，此新的假設也需要反覆的驗證。然而，若現在在某條路上無法馬上獲得他人的支持與認同，那麼靜靜地回想自己生活中值得感謝的事，可能是喚醒自己的獎勵迴路或自尊「還不錯的方法」。反正不會有損失，請試試吧。

另一方面，大部分的研究以沒有心理問題的正常群體為對象，也是一大研究限制。實際上，在自尊較低的臨床群體身上，觀察到稍微不太一樣的面貌。

二〇一五年一份探討重度憂鬱症（major depressive disorder）患者大腦功能模式的研究中，曾觀察大腦如何處理與自我相關的正面或負面資訊，尤其專注在憂鬱患者與外顯處理或沉默處理有關的特有神經活動，展現了什麼樣的特性。

這項研究得出以下兩點重要結論。

首先，慢性憂鬱患者處理與自己的憂鬱有關的負面單字刺激時（例如憂鬱、眼淚、自責感等），不同於普遍對於自尊的樞紐區域[10]會過度活躍的預測，此區域的活動性反而顯著下降。

9 二〇一九年一份關於感恩特質（trait gratitude）與內隱自尊的研究發現，即使以統計方式排除憂鬱感，兩者仍顯著相關，但男性並沒有表現出此相關性。

10 內側前額葉皮質。

憂鬱的人的內側前額葉皮質為何對憂鬱的單字很難有反應呢？正常對照組的大腦對新接收到的資訊卻持續有激烈反應。

這結果可以看作是，憂鬱的人們長久經歷著憂鬱，情緒上已變得遲鈍（blunting）的反應。已長時間沉潛在憂鬱感之中，無法對負面刺激有更多特別的反應。

「我清楚知道自己是沒出息、懶惰又沒用的人，沒才能、不幽默又沒魅力，這就是明確的事實。」

他們懷著這樣扭曲的信念，並且關於自己的缺陷，他們在腦中牢牢累積了極度隨意的證據，於是與自己有關的負面資訊已不是什麼新鮮的東西。換句話說，當無力感加深時，無論與自己有關的資訊是愉悅的內容，還是憂鬱的內容，都無法使大腦動搖。

其次，這項研究指出，憂鬱的人下降的大腦活動性，與外顯處理有關自己的資訊相關。另一方面，以現在的研究方法論，無法確認憂鬱的人特有的內隱性資訊處理。以為像一般人一樣，外顯自我資訊處理和內隱自我資訊處理是在相似的大腦區域進行，但並非如此。

在實驗過程中，對於發現與測量關於自己沉默的態度，是非常嚴苛的，因此在研究方法方面有許多的限制，留下很大的遺憾。我認為透過未來的研究，肯定會發現與內隱自尊的異常有關的大腦區域。

為此，有必要持續進行支持或反證目前為止的研究結果的各種研究。或者，認為這些研究很有趣，反覆讀了又讀這些艱澀內容的你，也可能提出新的想法。

以結論而言，感覺自己的自尊哪裡不太對勁的人們，把它當作單純的自尊高低問題來理解，是無法解決問題的。

儘管乍看像是自尊很高的人，事實上說不定內在的自尊正慢慢地變得脆弱，不穩定地漂流著。此外，表面上明明表露很低的自尊，但內心卻因極高的自我膨脹感，或許對他人的憤怒正不斷提升。

外顯自尊與內隱自尊在許多層面上，包含大腦內的活動性，各自以不同的形態運作著。當大腦各區域開始發出不和諧的聲音時，無法融為一體、零散的心靈碎片，會使我們有效率的應對能力下降。根據許多研究的發現，這兩種自尊之間的落差越大，對於心理治療的反應就越不好，問題也會持續下去。總而言之，為了更加清楚理解真實樣貌，外顯自尊與內隱自尊以什麼方式促使大腦運作，還有待更進一步研究。

——臨床心理學家的話——

飢餓、憤怒、空虛的自我

有人擁有外顯自尊與內隱自尊都很高的「穩定自尊」嗎？可能在某個地方有可以加入聖人君子行列的人吧。但是，包含我在內，並不是平凡的我們。因偶然的問題，導致外顯自尊與內隱自尊始終都較低的情況，是我們所熟知的，傳統意義上低自尊的人。長期受自我懷疑與挫敗感所折磨，對他人的稱讚感到尷尬，以致大家都很難再給予正面回饋的類型。

本書會持續討論到此類型的自尊，因此這裡我想先專注在以外顯自尊與內隱自尊的差異為基礎的分類上。唯有了解自己內心的敵人，才能摸索出戰勝的方法。

向外展現的外顯自尊雖然低，但因某些原因，沉默的內隱自尊非常高的狀態，稱之為「受損自尊」（damaged self-esteem，高內隱自尊但低外顯自尊）。

相反地，向外展現的面貌看起來非常不錯，但意外地，內隱自尊卻很不佳的狀態，則稱之為「脆弱自尊」（fragile or defensive self-esteem，高外顯自尊但低內隱自尊）。

這兩種不同類型自尊的共通點，就是在內心深處壓抑著極大的憤怒。無論是因為團體排擠、入學考試或找工作失敗等特定原因，在自我價值感上留下傷痕，因而畏縮的「受損自尊」類型的人，或是為了不讓創傷經驗被發現，一直以來好好掩蓋著，但卻對長期下來形成自動且負面的自尊不知該如何是好，而對再小的事都會動搖的「脆弱自尊」類型的人，他們內心都扎扎實實充滿著憤怒。這兩類型的人，頻頻出現身體上或精神上的健康問題，也是理所當然的。

雖然憤怒是兩者共同的情緒，但此兩種自尊類型所呈現出來的問題非常不同。

「受損自尊」型內隱自尊較高，可能會令人好奇那還會有什麼問題，但事實上，有自殺衝動的憂鬱症患者或心因性暴食症患者之中，反而有內隱自尊較高的人。根據研究，過去曾經歷過憂鬱的人，也顯示出「受損自尊」的傾向。

此類型的人們因挫折的經驗，展現出膽怯畏縮態度；他們似乎為了拯救自己，試圖以自救之計來提高內隱自尊。理想我（ideal self）與現實我（actual self）之間的差距太大，絕望的狀況或一再的失敗導致外顯自尊持續下降，因此無論如何，為了保護自我概念，選擇了讓看不見的自尊變得膨脹的方法。因不安與憂鬱而備感壓抑的內心，使他們的內隱自尊在別人看不見的地方持續提升。

以這樣足以令人擔憂的程度提升的內隱自尊，促使人尋找像是「大家的指責、現在的失敗，都是為了讓我變更好的基石！」這樣的精神勝利感。為了滿足過高的內隱自尊，久而久之，對成就的野心與完美主義的傾向也會不斷提高。「我要達到這樣的目標才行！」、「我要維持這樣的體重才行！」，以這樣的方式逼著自己。

那麼「脆弱自尊」又是如何呢？與他們外表看起來自信滿滿的模樣不同，內隱自尊較低的這群人，卯足全力防禦外部的襲擊。尤其，因為他們比起其他自尊類型的人，對外部的批評都還要敏感，因此對於與自己有關的回饋，就算再瑣碎的事他們都想回應。

他們沒有骨架支撐般搖搖欲墜、微弱又不穩定的內隱自尊，往往是起因於負面的人際關係，像是小時候經歷過的主養育者變化無常、沒有一致性的養育方式。

他們在達成各種型態的成就的同時，外顯自尊可能也漸漸提高。然而，當感知到突如其來的威脅，他們為了保護自己，會毫不掩飾地採取蔑視、瞧不起、指責他人的態度。實際上，在這過程中，如果確認了大家對自己的態度的反應（那是當然的吧，對方應該也不會坐視不管），他們便會說：「我就知道會這樣。」合理化自己的憤怒，再次膨脹與提振自我。

美國精神分析學者奧托．康伯格（Otto Kernberg）解釋，這樣過度的自戀是為了擺脫「飢餓、憤怒、空虛的自我（a hungry, enraged, empty self）」，所採取的（透過各種經驗學習到的）防衛姿態。

我想現在各位應該大致理解了外顯自尊與內隱自尊形成的臨床樣貌。雖然隨著兩種自尊間的關係，以及生活脈絡的不同，實際產生的問題非常多元，但在這裡必須提一個根深柢固的問題。

有些人就像案例故事的P一樣，外顯自尊雖然低，但內隱自尊過高。主導生活的能量下降，且過度順從的「受損自尊」類型，為了隱藏內心的憤怒感，而使用稱作「反向作用」（reaction formation）的防衛機制。

你可能很喜歡某個人，但卻為了不被發現而開了無謂過分的玩笑；非常討厭某個前輩，但卻為了隱藏這件事實而誇張地稱讚對方，或是乾脆不多說廢話，採取無條件服從的態度。

但是這樣的態度，比想像的還快被對方看穿，因為承受的人心裡會莫名的不舒服。和別人意見不同而自己心情不太好時，即使不明擺著反駁對方，仍以隱約的方式使情況變得不太自在的被動攻擊，是在像是P這樣的人身上經常能觀察到的。

因次，若你總是以過度低聲下氣的口氣說「是」，且習慣言不由衷的稱讚他人、卑躬屈膝的話，你必須再次檢視根本原因為何。

你真的尊重與尊敬那個人嗎？他真的說了那麼正確的話嗎？他是值得被那樣稱讚的人嗎？

如果不是的話，為什麼要如此放低自己的身段來迎合對方，卻又再次讓自己這麼筋疲力盡或是不快樂呢？

另一方面，因內隱自尊雖低，但外顯自尊高，所以在他人眼中看起來像是很有成就的「脆弱自尊」類型的人，隱藏內心的憤怒的同時，假裝對他人寬容地生活著。

如此一來，一旦毫無根據地懷疑他人的中立行為或話語有試圖動搖自己的意圖，便會立即展開反擊。他們的反擊往往是過分且荒唐的，於是遲來的後悔也是常有的事，這種時候便會感到羞愧。

這時，羞愧感會接續著放大其他負面情緒；為了掩飾自己的羞愧，可能更加亢奮而激起憤怒，接著出現深沉的憂鬱與自責也是很常見的。因為陷入後續出現的其他情緒當中，而錯過了向對方道歉的時機，於是這不恰當的情況就這樣一直持續下去。

如果你曾聽過兩三次身邊的人說「不知道你為什麼突然那樣發脾氣」，

那麼在自己的憤慨與怒火即將爆發時，必須盡快反思這憤怒的方向與強度是否適當。與其說是他人的問題，我們自己的內隱自尊狀態不佳的可能性更高。

如果這麼做有困難的話，那麼盡快在腦中想著自尊高度在理想水平的假想人物，這也是不錯的方法。模擬一下，如果是穩定維持高內外自尊的人，在這時機點他會生氣嗎？然後下一步，必須再次決定憤怒的程度，以及是否真的要在這時機點發脾氣。

應該是非常辛苦的事吧，但還是需要持續練習才行。如果習慣性採取尖銳防衛姿態的模式固定了，那麼別說是奧托·康伯格，就連奧托·康伯格的爺爺也救不了我們。

今天的功課

想以下方的問題代替

你的自尊，狀態怎麼樣呢？

Part

2

不要考驗他人

陷入只要真心就一定能相通的愚昧自戀式安慰，於是窮追不捨地要身邊的人了解自己的情況是常有的。然而，對於自尊或自我價值沒有太大懷疑的人，並不會把別人是否接受自己的真心這件事看得那麼重。

Episode 3

請肯定我——自我接納

L提及了有名的NGO組織，並介紹自己是那個組織的營業本部長。在本部長群當中，他是年紀最小的，他連組織架構圖都一一說明的模樣，看起來是相當熱情的人。

他說自己只專注在工作上，所以還沒結婚，而一直以來經歷了哪些困難、如何化解，才走到今天這步；他冗長地說明時，彷彿就像是參加晨間廣播的來賓。聽著他的活躍事蹟，我甚至產生他的組織不過是虛有其表的錯覺。當他說著多虧了自己無私的努力，組織的業績蒸蒸日上時，臉上洋溢著滿足感。

但是，L也有他的問題。從升任本部長開始，就產生了和以前不同的微妙不適感，尤其是向組員交辦工作的過程中，會消耗非常多的能量，這件事讓他很在意。

他為了讓組員理解為什麼要做某些事的原因，所有情況都過度詳細地說明。此外，在那過程中，他想著要扮演好本部長與導師的角色，同時會給予許多建議，於是總是讓談話變得很冗長。他認為，自己如果用盡全力的話，就能傳達自己多麼重視對方的這份真心。

不久前，新來的實習生加入後，L的話又開始稍微變多了。如果大家沒有太大的反應，或露出讚嘆的表情，他就繼續講，直到得到想要的反應為止。一開始他雖然不知道自己的態度或是講話的模式和以前不同，但不知從什麼時候開始，經常察覺到組員們「似乎有點刺痛」的表情，對此他非常難以釋懷，偶爾心裡也不是滋味。

後來L偶然在網路上讀到一篇叫〈老頭的特徵〉的文章，他覺得和自己很相似，於是心跳開始加速了起來。文章裡所描述的典型老頭，和自己對待組員的態度實在太像了。

「身邊的人是這樣看我的嗎？」

從那時候起，L因為覺得自己的真心再也行不通了，於是內心的悸動都消失了。再加上，小學高年級的時候因為搬家，在升國中以前曾遭受過排擠，所以很小就懂被排除在社交關係之外的痛苦；或許因為如此，現在的情況讓他感到非常吃力。時常要看下屬們的眼色，且對於因這樣的問題而痛苦的自己，又感到很生氣。

「無法變得豁達嗎？我一開始這麼關心別人錯了嗎？」

雖然還沒遇到和自己非常契合、真心相通的人，但以後還是有想結婚的想法，所以不解決現在這奇怪的不協調感的話，在生活的各種情況好像都會有問題爆發。這樣的自己看起來很寒酸，自尊好像也一直在下降。因此，他認為應該要學習人際關係技巧或變得麻木的方法，於是尋求心理治療專家的協助。

從初期面談的第一句話開始到結語為止，L時時展現出過度體貼心理師、保持警覺的樣子。他死板的反應以及非常端正的態度，是讓我會擔心離開諮詢室後，他會筋疲力盡的程度。

我為什麼不能放過我自己？

—腦科學家的話—

這世界高唱著高自尊的優點。

相反地，在高自尊的神話裡，有相對多數的致命缺點卻被隱藏著；人們並不重視低自尊意外擁有的天賦。儘管高自尊與低自尊各自都有優缺點，盲目強調高自尊的自我啟發書籍仍然非常多。

但了解那些書籍內容後可以發現，主要都是僅以自尊部分特徵來概括全部，誤導科學研究結果的主張，以及刻意挑選針對自尊極高或極低的人進行的研究，所產出的主張。

這是忽視了即使一天之內，也上上下下重複起伏好幾次的自尊波動形態。

高自尊的人能給他人留下好的第一印象，這是事實。

然而，研究自認為自尊高的人後發現，他們的社交關係品質並沒有特別高，人際關係也沒有維持得特別久。

研究反而顯示，他們因展現過度自我中心的態度而受到孤立，或因為相信自己很有控制世界的能力，抱持著「只要我下定決心，隨時都能……」的想法，而比別人更早有飲酒吸菸等對身體有害的行為，並且不以為然。

相反地，低自尊的人對這世界的變化與回饋很敏感，總是擔心別人眼中的自己會是什麼模樣，因此很少會犯下什麼大錯。此外，比起高自尊的人，他們自認為自己有些能力不足，因此無論是為了自己的成就，或是為了個性上的成熟，都不斷忙著付出各種努力。

低自尊不好的一面一定存在的，在本書中也會繼續討論到這部分；但這次我想說說能讓低自尊的人感到安心的話。

我們在休息的時候，大腦呈現什麼模式呢？當巴拉・畢斯爾（Bharat Biswal）透過學位論文中的部分內容，發表相關研究時，沒人能預料到這對大腦認知科學領域帶來多大的影響。

利用MRI核磁共振造影觀察大腦功能的話，可以確認哪些大腦區域彼此緊密連結，或是哪些區域像坐翹翹板一樣，以完全相反的方式運作。

特別的是，畢斯爾觀察了人們什麼事也不做、靜息態（resting-state）時的大腦功能，也就是大腦靜息態功能性連結（resting-state functional connectivity）。他從沒有臨床症狀的一般人，到患有情感疾患、阿茲海默症型失智、自閉症類疾患的對象，對多樣的群體進行了大腦連結性的研究。

研究結果令人驚訝；大腦一刻也不停歇，持續運作著。就連閉上眼躺著的時候，腦內的許多區域仍彼此連結運作著。這份一九九五年整理這些內容的論文，至今已被引用超過八千多次，可見其對腦科學界引起的重大影響。（以二〇二〇年的Google學術搜尋為基準[11]）

11 代表自己的論文被其他學者引用在他們論文裡的「被引用次數」，被視為是學術論文影響力的重要指標之一。在《不用完美，做個還不錯的人就好》的初版中，以二〇一八年為基準，畢斯爾的論文被引用次數為六千多次，由此可見，在兩年多的時間內，相關的研究有多麼活躍。

其中，與「醒著休息，什麼也不做」有關的網路，特別稱作「預設模式網路」（default mode network，以下簡稱ＤＭＮ）。與這名稱畫上等號的神經科學家馬庫斯・賴希勒（Marcus Raichle），他二〇〇一年的論文到二〇二〇年已被引用超過一萬一千次了。

《Brain》權威學術期刊在二〇一〇年刊登一篇從有趣的觀點解釋ＤＭＮ的論文。在這篇論文中，被譽為世紀天才的世界性神經科學家卡爾・約翰・弗里斯頓（Karl J. Friston）教授等人，一一對應佛洛伊德所說的自我（Ego）的功能，說明了休止期的ＤＭＮ。

根據佛洛伊德的解釋，「自我」是我們的人格結構中，考慮環境壓力或實際條件後，合理選擇的我。自我會優先考慮如實反應現在實際情況的現實原則（reality principle）。這和追求原始的渴望與本能，只專注在享樂原則（pleasure principle）的「本我」（Id）人格結構形成對比。

試圖以「自我」來代替說明大腦休止狀態，可能讓多數人感到困惑，但這並不是某天突然出現的主張。

這是根據長期持續累積的研究結果，所提出的有可能性的主張[12]；研究發現，我們什麼事也不做、休息著時所激活的大腦DMN，與處理有關自己的資訊的大腦區域重疊，也與處理他人的資訊的大腦區域重疊。簡言之，連我們靜靜躺著的時候，處理關於自己與他人資訊的大腦區域，也很難休息。

如此一來，負責感知自己與他人的特定大腦區域不停處在準備狀態，但抑制與快樂、興奮有關的大腦區域冷靜的DMN，對有些研究者而言，就是佛洛伊德所言的「自我」的物化。

12 屬於DMN的大腦區域，與處理自我意識、自我概念等自我參照（self-referential）資訊的區域重疊，與處理推論他人的心智（mentalisaion/theory of mind）的社交性相互資訊的區域也是重疊的。研究者們並不認為這是偶然。

因此，我們這樣思考看看吧。

我們的大腦本來的設計就是完全不休息，一直運轉的；關於自我感知與社交關係的事更是如此。意識自己與他人「到這個程度」，是理所當然的。

如果你認為「我為什麼這麼難讓自己休息？」，這可能正是DMN與自我好好在運作著的證明[13]。

因為不如意的事而內心變得脆弱時，雖然可能會為意識到自己的模樣，並且過度在意他人的心理狀態，貼上「低自尊」的標籤，並獨自感到痛苦，但真的有必要嗎？

我們本來就被設計成會察覺周圍的目光，並在意他人眼中的自己。希望你不要用「自尊低而經常看別人眼色的人」，來介紹因為經歷了那麼多事也不想聽到難聽的話、因為不想造成他人的麻煩，而獨自用盡全力的你。

即使擁有因他人一句無心的話就瞬間跌到谷底的自我形象，希望我們至少外表看起來還是自信滿滿的樣子。雖然那是假的自尊，只是自信的空殼，但我們也懇切地希望成為能樂於幫助他人、為自己的話負責的人，並成為某人像樣的榜樣。

現在我們這樣問吧：那又怎麼樣呢？

這樣的努力，事實上扮演了緊緊抓住自己的角色，使我們無法隨意跑出現實世界。是讓環境、自己與他人，以及自我的意識、前意識與潛意識還算滿足，且能度日的照護安全網。

那是你擁有的眾多技能中的其中一個，或許是你無數個碎片中，讓你非常努力活到現在的碎片。

13 當然，若因過度在意他人而執著於自己展現的樣貌，以致實際社交生活或職場生活產生問題，且不僅僅是他人，連自己都感到辛苦的話，應該在此暫時停下來。如果你在自己的存在感、重要性與真心上，附加過多的意義，且埋沒在自我意識中，並且為了證明自己與得到他人認同，而執意做不需要做的事的話，那麼有必要再次重新檢視自己的習慣。關於此點，在下個案例故事中會再詳細討論。

—臨床心理學家的話—

能和自己一模一樣的人共度一輩子嗎？

學生們或諮商者們常問起究竟自尊是什麼。

以「羅森伯格自尊量表」聞名的知名心理學家莫里斯・羅森柏格（Morris Rosenberg），定義自尊是「對於自己正面或負面的態度」。

我在說明自尊時雖然會使用羅森伯格的定義，但會再這樣補充：

「以摘掉所有頭銜、不揭露任何『學經歷背景』的狀態面對他人時，自己判斷自己看起來是多有魅力的人，這就是自尊。」

舉例而言，假設你的學歷、職業、出生地或居住地、外表等背景都沒有公開的情況下，你開始在社群媒體上傳不需要文采的短文。在累積上傳文章的過程中，你預期有多少人會對你產生好感呢？

我並不是要聽到「應該很多人覺得我有魅力」、「應該很少」，這樣推測自尊程度的回答；我更好奇的是，聽到這問題的當下，你的心理狀態。

若自尊低的話，聽到這樣的問題，內心應該已經感到不安了，因為接受這樣的問題本身，就接受了可預見的失敗與不願看到的情況。相反地，自尊還算高的話，會將此視為向他人宣揚自己的魅力，「足以能突破並得到好結果」的挑戰機會。

有時候也會這樣問：

「如果有一個所有面向都和你一模一樣的人，你想和這個人談戀愛或結婚嗎？那樣的話，你能和與你一模一樣的人快樂過一輩子嗎？」[14]

如果回答是肯定的，那你是擁有極高自尊的人。（你還需要這本書

14 你會如何回答這個問題呢？事實上，透過這個問題，我們可以客觀地看到自己人格上的缺點。「像我這樣情緒起伏嚴重的人應該有點困難。」、「像我這樣自己發展憂鬱的人的話，有點難。」，如果你這樣想的話，這些正是你需要加強心理成熟的部分；現在你因為這些部分，無法給自己打下高分。

嗎……?)

但是，幾乎沒有人會回答「我想和與自己一模一樣的人結婚。」因為我們太清楚我們自己了。我們的缺點或真面目要是被揭露的話，別人會不認同或不喜歡，我們經常被這樣的不安壓倒。

現在暫時將書闔上，想想關係最親的家人或朋友的臉龐；他的臉上有痣嗎?有的話，在哪個位置呢?

那你的臉上有痣嗎?有的話，在哪裡呢?比起關於身邊的人的問題，關於你自己的問題，你一定回答得更快、更準確與具體。

所有人都記得比較清楚自己的事。雖然在生活中，或是腦海中，會觀察與推測關於他人的各方面，但更多時間是在與自己接觸中度過的。總是會注意到工作笨手笨腳、對人際關係也生疏的自己，這是理所當然的。自己失敗的經驗、被別人瞧不起的事、關於自己很糟糕的一面的紀錄，這些都充斥在內心。

因為這些自傳式記憶太豐富了，連學歷、外貌、個性、出身、家族等中立的單字，也經常刺激到自己。

因此，我們過度苦惱自己在別人眼中的樣子。為了仔細探究有這麼多缺點的自己，要怎麼做才能讓別人留下好印象，內心非常忙碌。以過多有關於自己的訊息為基礎，自我審查自己看起來是好人還是壞人。有時候覺得「我這樣應該算是好人吧。」而稍微有點自信的話，也會向身邊的人拉票。

已經如此賣力了，若對方對於自己還不錯的模樣、真心、體貼與好意沒有表現出相應的回應，從那刻起內心就會變得相當混亂，有時甚至會充滿怒氣。

陷入只要真心就一定能相通的愚昧自戀式安慰，於是窮追不捨地要身邊的人了解自己的情況是常有的。然而，對於自尊或自我價值沒有太大懷疑的人，並不會把別人是否接受自己的真心這件事看得那麼重。

自己的真心有一定要相通的理由嗎？回頭檢視的話，自己生活至今，也並沒有一一了解他人的真心。

我們並不是對每件事都「啊，對了，這是你的真心吧？」，這樣一邊確認一邊生活的不是嗎？

相信「真心」總有一天會相通的想法，其實是來自認為自己的想法、感情與判斷永遠是對的這種膨脹自我意識。別人也只是懷著各自的真心生活而已；一百個人就有一百個以上的真心。

此外，相信真心總有一天會相通的想法，等同於在說：他人認同自己的真心是非常重要的。這來自於真心必須要與他人相通的幻想或義務性的信念[15]；另一方面，也是當他人無法了解自己時，為了表達憤怒所提出煞有其事的自我欺騙。

相信真心的人們，也花很多精力在設定與追求靈魂伴侶（Soulmate）。

他們相信：「如果是我的另一半，不用特別說出口，也都能明白我的心意。」二〇一一年美國一項民意調查結果，有百分之七十三的受訪者認為一定能找到一個真正的靈魂伴侶。

然而，根據研究，相信靈魂伴侶存在的人們，在實際的關係中容易感到不安，尤其對戀人的失誤更無法寬容。對方如果脫離自己制定好的規則，便會產生不安與不適感。

尋找與自己靈魂相通的靈魂伴侶，乍看是基於對自己堅定的自信與自戀的態度。但，想要一個可預測且可控制的對象的心，也不容忽視。即使我有個性上的缺點、即使我不努力，也要尋找能喜愛原原本本的我的人。

然而，那個人已經存在了不是嗎？

15 指的是以「必須……」這類的義務性陳述文表達的（很常見的）認知扭曲。如果是「我必須得到認同。」、「朋友就必須要這樣。」之類的僵化標準，最終會提高對於自己與環境的不悅感。

就是你自己，不會對自己做任何評價與批評的人。雖然從某時候開始，不是你自己，而是以其他人的聲音催促著自己。

不要期待他人來了解自己的真心與疲憊的靈魂，只要你自己了解就行了。請別把自己最擅長的事外包出去。

努力想向他人展現自己是很不錯的人，這是很健康的事。但是否接受你那樣的模樣，請交給對方來決定。

你是誰、做什麼工作、成為多少人的典範、知道多少有教誨意義的事、你的真心和別人多相通、你是否和靈魂契合的人交往，這些都不是和你的自尊有關，那麼重要的問題。

請更舒適地喜歡你自己吧。你若是能安然地接受自己，那麼外部的敵人就絕對無法傷害你的心。

今天的功課

請慢慢思考以下兩個問題的答案：
摘掉全部頭銜後，你算是有魅力的人嗎？
你能與和你一模一樣的人一起過一輩子嗎？

Episode 4

儘管如此你還是愛我嗎？你終究會離開我嗎？

——情感匱乏與依賴性

C很清楚自己的問題，他說是「情感匱乏的依附障礙」。如此果斷說明著自己狀態的C，對於被別人遺棄的不安感很高，他在過去的關係中找到了原因。

「我很清楚我為什麼會這樣。我在雙薪家庭長大，父母照顧我的時間很少，他們的關係也極度不好。他們在我面前像要殺了對方一樣大聲吵架，媽媽有好幾次離家出走；雖然他們如果和好的話，就會對我很好，但又不好的話，就當我是不存在的孩子一樣……每當那種時候，我的心好像既絕望又想拚死一搏。高中的時候，初戀對象因為外遇而離開我；如此下來，對人的執著就漸漸變嚴重了。」

他下定決心接受心理治療也是因為不久前所經歷的分離。

「一開始他跟我說：『我絕對不會離開你。』但交往期間我又有點執著，無論開玩笑也好，吵架也好，我一直說些類似『所以你要離開我嗎？現在開始討厭我了嗎？』的話，所以他說他累了……」

戀愛與分手的模式以幾乎相同的軌跡反覆上演。雖然對方說「我不一樣」，並花很多時間讓C安心，但C很難放心。只要想到自己總有一天可能會被拋棄，每分每秒「心臟就像鈕扣一樣，被撕裂而在地上翻滾般」，感到不安與焦慮。

心情正好的時候，悲傷就突然湧上來，總是悲戚地有股被拋棄的感覺，有時身體到處都覺得疼痛。如果對方碰巧沒接電話，或是對方說跟別人約了見面的話，他就會斥責對方是不是不喜歡自己了，而且一定要確認到底不可。

「所以你現在開始討厭我囉？」

「你也是一樣的。」

「你看吧，你也說過會對我感到疲憊對吧？」

以這種方式開始的話語碎片，最後串成一模一樣的劇碼。就算是兩人之間什麼問題也沒有的時候，C也給對方出假想模擬考題，讓已經說了數百次會守護在身邊的對方，漸漸感到疲憊。

他對朋友也是執著的。雖然不想看起來像是「有依附問題的情感匱乏患者」，但因為對朋友的內心依賴很強，C每次都努力表現得心胸寬大，但卻一直重複著最後變成被大家欺負的過程。

為了把人們留在他身邊，對於別人過分的要求或是不想答應的約定，他總是給出對方想聽的答案，因此累積下來的情緒疲勞感，原封不動地累積成為對自己的厭惡、不安定感，以及對交往對象的不安。

「看到擅於自我主張且獨立的人，感覺他們好像跟我完全是不同類型的。我總是渴望著愛情，但別人好像不是這樣。但再看看這些人，我不知道到底是我寄生在別人身上，還是別人寄生在我身上……」

一腦科學家的話一

現在輪到你守護你自己了

喊著情感匱乏的人們，以各種理由說明自己對他人的依賴性與脆弱性，其中最常聽到的是「依附障礙」[16]。

心理學所謂的「依附」，是指超越時空使兩人連結起來，深厚且長久的情感紐帶；主要在人生的初期，透過主養育者與孩子的相互作用而形成。

媒體上經常談論著主養育者反應敏銳並好好照顧孩子，才能形成穩定的依附關係，或不一致、不關心的養育態度，會導致不安全（insecure）依附關係等等的這類話題。而實際上，許多人認為自己的狀態是不安全依附型，並且感到痛苦。

16 實際上，以成人為對象的診斷中，並沒有稱作此名稱的障礙。

有關上述內容的「依附理論」（Attachment theory），是由發展心理學家瑪莉・安斯沃斯（Mary Ainsworth）透過研究所提出的。當時的研究結果顯示，有百分之七十的研究對象屬於安全依附型，這結果讓許多人感到失望。

「那麼多人是安全依附型，那為什麼我……？」

然而，這份研究是在一九七八年發表的。有可能在那個年代，確實安全依附型的人比較多；也有可能是受訪者以防衛心態作答，導致結果產生偏誤。

或許正因為如此，二〇〇九年的研究出現了稍微不太一樣的結果。一項以兒童與青少年為對象的調查發現，其中有百分之四十八表示自己是不安全依附型，而百分之五十二自信的人為安全——自律（secure-autonomous）依附型。換言之，兩人中就有一人自認為是不安全依附型。甚至有百分之七十三擁有臨床問題的受訪者，顯示屬於不安全依附型。

十年後的今天，雖然可以合理推測安全依附類型的比例減少、不安全依附型比例增加，但無論如何，不安全依附類型肯定比想像的常見。仔細想想，對父母而言，沒有比養成兒女的安全依附更艱難的任務了。

無論是無法從父母得到穩定的養育或關心，而說自己是情感匱乏的人，或說自己對他人過度依賴或執著的人，在各種不安全依附類型中，屬於不安全——焦慮（insecure-anxious）型依附的可能性很高。這是在亞洲文化圈很常見的類型。

不安全——焦慮型依附的人們，即使是小事，也容易採取自我批判的態度，並表現出對他人的認同非常敏感的特性。

尤其對拒絕具有高度敏感，因此焦急擔心著對方會發現自己是無趣又沒有魅力的人。因為害怕對自己有意義的人，會不會拋棄我、拒絕我、背叛我，因此急切地糾纏、依賴對方。在這樣的過程中，也可能會感到沉重的憂鬱感與無力感。

如此一來，為了吸引他人注意，或是希望他人來安慰自己，於是做出突然斷了聯繫、假裝潛水，或在社群媒體上悄悄透露自己不穩的情緒狀態，抑或是裝作未讀對方的訊息，故意激發對方的嫉妒等不成熟的行為。

除此之外，生對方的氣時，無法自在地表達出來，或是擔心自己的不悅太顯眼，而嘗試不明顯的被動攻擊。像是把事情搞得一團糟後草草收尾、開起看似有意圖的奇怪玩笑、平白無故刻意唱反調等方式。

若給予表現出這種焦慮依附的人感到壓力的情境後，觀察他們當下的大腦，可以發現與情緒及焦慮問題有關的大腦深處機關[17]過度活化。與因拒絕而產生的心理痛苦感有高相關性的大腦區域[18]，活動性也因此增加，而其中一部分[19]與大腦的其他區域間，密切地傳遞訊號。因此，自責與不安不斷湧上心頭的惡循環反覆上演，身旁的人試圖使它安定的努力也總是失敗收場。

除此之外，對不安全——焦慮型依附的十幾歲青少年，列出多個正面與負面的形容詞，請他們判斷這些詞與自己的一致性時，無論提到哪一屬性的單字，大腦大範圍區域[20]的活動性都提升；大腦經常對動搖安適感或自我概念的周邊刺激做出不必要的反應。

那麼，提供安全依附或不安全依附環境的父母的大腦又是如何呢？

17 位在大腦邊緣系統、杏仁形狀的大腦部位——杏仁核，不僅能表現正常的情緒反應，也表現出與情感疾患、焦慮症有關的特殊活性化。

18 背側前扣帶迴皮質（dorsal anterior cingulate cortex）與前側腦島（anterior insula）。

19 背側前扣帶迴皮質。

20 兩邊的杏仁核、副海馬迴（parahippocampus）、前側顳葉端（anterior temporal pole）、前側顳葉顳上迴（anterior superior temporal gyrus）、左側背外側前額葉皮質等。

好的養育者和子女很好地同步（synchronous），並適時地反應。說起來很容易，但這是最難的。因為他們本來睡眠時間就已經不夠，身體機能都下降了，還要每兩小時就被聽了就累的小孩哭聲吵醒，起來照顧孩子的安危，然後還不生氣！

這時，主養育者觀察孩子唯一的溝通方式——哭，是屬於肚子餓、想睡覺、無聊、（濕尿布產生的）不悅中的哪一種之後，在孩子不至於感到太大挫折的時間內，在孩子與世界之間形成不信任之前，必須對哭泣給予回應。尤其是產婦，七人當中就有一人患有產後憂鬱症，但安全依附家庭的主養育者們在孩子面前，非常努力調整自己的憂鬱、對未來的不安，為了給予孩子無條件的愛與支持。

這樣的父母，大腦左側的依核（nucleus accumbens）表現高度的活化。左側依核是經驗獎勵性刺激（reward-related stimuli）或情緒時，扮演調節與整合角色的區域。因為也與處理情緒的核心區域——杏仁核相連結，因此研究者們推測，此兩個區域就是使優良父母能有效處理自己的情緒刺激的調節神經基礎。

另一方面，不安的養育者的情況，他們的右側杏仁核單獨過度活化，且依核與杏仁核之間的機能性連結也下降。最終，對他人的情緒性要求，無法快速反應的未成熟父母的大腦，雖然也不是他們有意的，導致了子女功能不良的大腦。

藉由留給孩子遺傳性的器質性，並提供一個對年幼孩子的需求做出不規律反應的環境。

然而，許多父母的世代是接觸不到這些資訊的。以前的主養育者們並無法得知依附是什麼，以及為什麼這是形成孩子的幸福感及不幸感非常重要的因素。

他們不知道應該如何與孩子建立關係，他們認為即使什麼也不做，也能自然而然形成父母與子女間的依附關係。不知道如何在表達愛意的同時，鞏固身為父母的權威，混淆了「有權威」與「權威主義」的意思。

在某些情況下，時間、距離、經濟狀況或兄弟姊妹的存在等物理性的制約，也可能導致無法形成安全依附。

當然，事到如今才對父母或兄弟姊妹等原生家庭成員生氣說：「當時為什麼這樣對我？」的話，我們也已經長得夠大了。再重複一次，有很大的可能性無法從對方身上得到想要的回應。

但就算把因為不安穩的關係，而必須承受的痛苦當作沒發生過，當時的傷痕依舊對我們造成不必要的影響。

那麼，從大腦的角度來看，我們一點一點欺騙著自己過日子可能比較好。

雖然不是父母，但有另一個有意義的人，或是自己，輕拍著自己，使內心平靜，是很好的方法。

將自己的雙臂交叉後，雙手分別放在相反邊的肩膀上，輪流拍拍兩邊肩膀的「蝴蝶擁抱（butterfly hug）」也很有效。請閉上雙眼，慢慢呼吸，一邊緩緩輕拍著肩膀，一邊重複告訴自己：「沒事了，真的沒事了。」使過度活化而對細微反應也很敏感的大腦，暫時能穩定呼吸。這是對實際經歷心理創傷的人進行心理治療時使用的方法。

如果記憶中，在某個時刻，曾有某個人安定地疼惜照顧自己的話，透過再次慢慢回想這樣的心智表徵（mental representation）的心像（imagery）運作，讓自己安心也是不錯的方式。請利用那些讓自己感到安心的話語、人們那時的心情，在心裡築起屬於自己的安全基地吧。

看看傳達安穩且感情深厚的依附關係的照片也很好，像是相愛的戀人擁抱在一起的樣子。根據研究，光是看著這樣的照片，杏仁核對威脅性刺激的過度活化程度就會下降。看動物溫暖交流的照片，也能有效安穩內心。

洗個熱水澡，或喝杯熱茶，趕走心裡的寒意，也能達到相同的良好效果。這些都是經研究驗證，能使大腦安穩的方法。

有可能再次被關係的不安動搖，而對彼此做出不該有的行為，應該做的又做不到。自己可能如此，對方也可能如此。

如果因為這樣的原因引起的自尊心爭執（就像一直以來那樣），看來將走向破局時，請盡快果斷地這麼說：

「我知道你是愛我的，你也知道我是愛你的。幾個禮拜之後，我們可能連今天為什麼吵架都忘記了，我不想為了可能不會記得的事，故意講些傷人的話跟你吵架。」

請你主動守護關係吧。

誇張的感情要壓倒你的時候，或是投射對於自己的不確定感到身邊的人身上，又想折磨他人的時候，請暫時停下來，讓自己安定吧。此外，請從那些惡意利用你的不安全依附，或偶爾使你感到悲慘的人手上，守住你自己。

並非所有關係都伴隨著你每天想像的那種悲慘。

因此，在雖然細微但慢慢延續的關係界線內，在安全依附的範圍內，漸漸使我們自己安定吧。

我適度地不完美，也適度地完美

—臨床心理學家的話—

有些人，費盡心力徹底展現自己的樣貌，甚至毫不保留，希望得到他人的接納與認同。

但請仔細想想，你的母親喜愛你所有的一切嗎？就算是媽媽，也無法接受你的全部；在各方面應該都不只一、兩個討厭的地方（我也差不多是如此……）。

認為他人無條件要認同稱之為「我」的存在的想法，是憂鬱不安的人們常有的錯誤信念。把自己不好的一面都向別人展示，同時又問：「這樣還會愛我嗎？就算是這樣？」如此考驗他人，並不是愛自己的方式，更不是愛別人的方式。那只不過是目前為止與未來都得不到任何成果的錯誤怪癖而已。

其實，你也不覺得你的所有一切都很討人喜歡，所以才總是向別人展示全部面貌，期待他們能讓你安心吧。

本來最理想的養育方式，就是應該適度干預、適度敏感、適度反應，但大部分的主養育者所表現的照顧模式是非常不成熟且不一致的，所以無法預測。因此，在依附關係中若留下了不安感，就會病態地渴望「絕對不變的愛」。不是像互相傷害後長繭那樣日漸堅定的依附關係，而是內心懷抱著幻想，相信在世界上某個地方，有個從一開始就能使自己完整的靈魂拯救者。

或者，如果重要的對象偶爾疏忽了自己，或是表現想遠離自己的意圖時，從那刻起，就會一邊說著：「你也會拋棄我吧？」、「拜託你讓我安心！」一邊急切呼喊著情感匱乏。這樣的情況重複幾次後，便演變成典型的悲劇場面。

當身邊的人已經受夠了各自的日常生活，而真的開始遠離自己時，便會陷入絕望與自我貶低，說：「你看吧！」也可能突然被怒火籠罩：「我是怎麼走到今天的，竟然受到這種待遇！」

在我們人生的每個過程中，都不需要追求他人的認同。

先暫且不論這種事是不可能的，根本完全沒有必要；反正彼此的記憶不同，心裡對彼此的評價也隨時在改變。就像有時候和朋友聊得很來，但偶爾又感到有點陌生一樣。

當然，許多人際關係問題，實際上可能起因於個人的不安全依附。然而，就如同專家們反覆說的，事實上，比起形成了怎樣的依附關係，如何感知與重構那個當下，是更加重要的。

在這過程中，雖然包含家人在內的身邊的人們，若對於不當的對待，能真心向你道歉的話那就太好了，但這並不是容易的事，因為從各方面而言，都是與「時機」有關的問題。

如果沒有人欣然向自己道歉，如果現在沒有人擁有那程度的成熟，那就別管那些人了吧。或許，他們在當時的年紀與情況下，已經盡了最大的努力。更何況，引導他們的洞察能力不是我們的責任。只有以一致且成熟的態度，重構與接納自己的過去情況，「現在才終於」可以選擇走向安全依附的道路。

但再次回顧過去的依附關係，並試圖拼湊它時，希望不要讓慚愧、自責等負面情緒有機會介入。

不是因為你是無法被愛的存在，
也不是因為你是哪裡有缺陷的存在，
你也不是不應該出生的存在，
只是，運氣稍微不好了一點。

因此，我們這麼說吧：

「那時候是如此，但現在不一樣。

雖然那時候我是脆弱的，

但現在的我，適度地不完美，也適度地完美，足以與他人建立安定的關係。

並且，或許以前的他們已經盡力了。

我要守護現在的我，與我的人們。」

在這樣的想法與態度滲透到內心深處以前，需要找臨床心理專家或精神科醫師建立再養育關係，或是與像枕頭、被子一樣寬厚與安定的人建立再養育關係，抑或是自己再養育自己。

加州大學洛杉磯分校（UCLA）精神健康醫學系臨床教授丹尼爾・席格（Dan Siegel）指出，這樣重建依附關係的話，也將重塑大腦（rewire the brain）。

因此，就當作是如此，請試試吧。

現在起，你就是你自己的養育者，

請不要再為了得到他人的愛而做出反應。

請全心全意地一點一滴累積起時間，安慰自己破碎的心吧。

在這世界上，自己是最重要的，自己也是最了解自己的人。

請不要試圖測試他人的愛，或藉此填滿自己。雖然有個人在你身邊很好，但沒有的話就算了。只要漸漸正向地與自己建立起安全依附就夠了。

沒有必要用誇張且蒙蔽的表現來欺騙自己、開始一段說不定是錯誤的愛情、繼續無解的往來。與其建立起對他人更濃、更深、更大的依賴，請疼愛並安全溫暖地擁抱一路撐到現在的自己。

如果想吃好吃的東西，那就買給自己吃吧。

想讓心裡暖暖的話，那就點個香氛蠟燭，摟著乾淨的毯子，喝杯熱茶，聽聽溫暖的音樂，好好照顧自己。同時，對自己、對別人，說些甜美的話吧。

這些都是經過研究證實對幸福感有效的方法，各種都試試看，找出最適合你自己的方法吧。

最後，想再囉嗦幾句。人際關係裡的記憶，是彼此相異的。因此，不安動搖了關係與自尊後，沒必要拿著「我記得的內容」來和別人爭執。

和戀人爭吵時，最使人疲憊的行為，就是以這種方式講話：「你就是那樣了呀！」、「你的表情就是那樣啊！」、「你剛講話口氣很酸嘛！」這時候，無論是哪一方，應該盡快表明：「我們別無選擇，彼此的記憶一直都會是不同的。」中斷這個脈絡才行；在瘋狂奔跑、畫著兩條平行線的記憶，更銳利地刺激感情線以前。反正是解決不了的問題，為那些事一直吵架的話，最後只會說分手而已。無論是你，或是對方，都不想要分手不是嗎？

請專注在解決問題上；應該要「使事情能達成」。展現自尊、得到認同，都不是那麼重要。

如果在既不失權威與威嚴，又能對他人說出自在話語的過程中，建立起安全依附，使自己的感情能受到尊重的話，那麼其他東西就不再那麼重要了。

請自在一點，沒關係的。

今天的功課

再這麼說一遍：

「現在的我，適度地不完美，也適度地完美，
足以與他人建立起安定的關係。
不再動搖我自己，我要守護現在的我，與我的人們。
這就是我的人生。」

Part

3

不要被完美主義的不安所操控

當然，在自己生活中投入各種努力是件好事；然而，應該僅止於此。努力就已經足夠了，沒有必要忍受著過多的痛苦，為了完美而費盡心力到內心粉碎。

Episode 5

討厭我的話怎麼辦？失敗的話怎麼辦？

——不安與完美主義

「這次好像也不行，我很清楚。」

Y似乎將心理治療視為遊戲裡玩家們必須完成的任務（quest）。當我說現在我們一起來聊聊，觀察看看治療效果如何時，聽到了這樣的回答。

「如果努力試了還是沒有什麼不同的話，那時候會變怎樣呢？」

往往來進行心理諮商的諮商者們，對治療都懷著矛盾的心情。

雖然非常希望康復，但若「真的症狀好轉了」，害怕那期間擔心自己、照顧自己的人們會離開；即使康復了，似乎也不會有戲劇性的變化，因此最終選擇停留在現在的狀態。

Y一方面希望憂鬱與不安能好轉，另一方面又對治療結果感到不安，而似乎因此僵在原地。對他人，他擁有與生俱來的細心體貼，用字遣詞也非常小心翼翼，不斷重複說不喜歡給人添麻煩。

「如果接受諮商，還是沒有太大變化的話，醫生您好像也會對我感到失望，所以對此其實我也感到害怕。這也是在添麻煩。這時間您可以替其他人諮商的，是我搶走了時間。」

Y好像中了不安的毒一樣。

本來清楚地說著自己的日常生活與偶爾的愉悅，到一半就突然因為遺忘了自己由「不幸與倒楣」組成的人生，而感到驚慌失措，執意再次狠狠刺痛自己，慢慢走進並掩埋在不安的陰影中。

Y認為顯露出自己的不安或憂鬱，是在製造麻煩，因此一直徹底地隱藏著。此外，他有支持他的家人與朋友、許多很不錯的能力，因此其他人無法估量他的不安程度。然而，從某瞬間起，Y的腦海中爆發了無數的不安與擔憂。

這樣子沒關係嗎？其他人會怎麼看我呢？

討厭我的話怎麼辦？誤會我的話怎麼辦？

人們仔細評價我所有一切，偶爾看起來像是做好要大開殺戒的準備，我能撐到什麼時候呢？

我哪天要是失敗了怎麼辦？

因為被各種不安同時重重地壓著胸口，Y總是處在無力狀態，能執行有創造性工作的能量漸漸消退。

假日如果沒有出門，「不安好像要吞噬掉自己一樣」，因此故意出門，刻意與他人相處；不那樣的話，就待在家睡一整天。在不知道是白天還晚上的時間，獨自在家中醒來時，腦袋一片空白，甚至有「我好像不是我的感覺」，而感到害怕。

Y在面談的最後，自嘲地開玩笑說：「如果做或不做某件事，都得不到好的評價的話，那我現在什麼事都不要做好像比較好。」

那玩笑不知為何，聽起來像真話一樣很堅定。

已經夠好了

—腦科學家的話—

有些人明明已經很努力在生活了，無止盡的憂鬱與不安還是上上下下的，擔心周圍的人們會給自己不好的評價，折磨著自己。

很難對自己感到滿意的人，被困在「完美主義」的框架裡，難以跨出一步，應該說連半步都很難跨出去。

根據以多向度概念分析完美主義的經典研究，大致可將完美主義分為以下六個面向：

第一，將失誤視為失敗，當犯錯時，就擔心自己的評價與名聲會下降的「過度在乎錯誤（concern over mistakes）」。

↓但其實大家不太關心你的失誤或失敗；就像他人的失誤或失敗對你不

會有太大影響一樣。

第二，不僅自己設下了過高的標準，且認為自己所做的評價非常重要的「個人標準（personal standards）」。

↓但其實大家不太關心你訂定的自我標準；無論你有沒有達成目標，你自己給自己的評價高或低，其他人本來就不太在意。就像你也不太關心別人的自我標準一樣。

第三，認為父母給自己設下很高的目標的「父母期望（parental expectations）」。

↓確實主養育者可能賦予你很高的目標與義務，但那終究只是他們的想法，所以必須要有「所以還要我怎樣？」的心態，不需要努力去順從。如同已經說過的，現在是你的人生。

第四，意識到父母過去或現在對自己過度批判的態度的「父母批評（parental criticism）」。

↓通常在職場，討厭後輩或同事的原因是因為和自己的做事方式不同；但在家庭裡，非常討厭子女的原因大致上是因為跟自己太像了。這就是不成熟的父母們嚴厲指責子女的原因；換句話說，不是年紀還小的我的問題，可能是父母自己的問題。

第五，懷疑自己完成任務或達到成就的能力的「對行動的懷疑（doubts about actions）」。

↓輕微的擔心或懷疑，有助於對未來做好準備。生活中，無數的擔憂無時無刻在我們腦海中，使我們為未來做好實際的準備。

然而，強烈的懷疑則使我們一直懷著不安，讓我們停滯在現在的狀態飄忽不定。嘴巴上說要念書準備考試，實際上卻不努力就是常見的例子。

第六，強調系統或程序的「組織性（organization）」。

↓很不安的人們，最討厭的諺語是：「條條大路通羅馬」。他們會自然地反駁說：「不是啊，明知道要去哪裡，但讓我漫無目的地走的吧？」

相反地，他們最喜歡的諺語是：「石橋也要先敲敲看再走」；但是有些石橋不用敲也沒關係的。

可以得過且過，那就得過且過吧。

我想已經是成人的你，應該很能接受在生活中，比想像的還容易經歷到絕望的事情或失敗。先別說完美，連完成都很困難了。因為無止盡的挫折感、糟糕的自尊、低落的自我效能，於是早上一睜開眼時心想：「是不是一切都是場噩夢？」枉然地回想過去的事。

然而，我們並沒有停留在其中。每當那種時候，我們會重新整理人生中的優先順序，再次專注在愛情或健康這樣的價值上。

為了成熟的人生，我們正好好面對著「最適切的挫折」。

尤其多虧了包含前扣帶迴皮質[21]（anterior cingulate cortex）在內的多個大腦區域的功能，我們漸漸安撫不安與自我意識，連失敗也整合到自己的生活中，慢慢朝未來前進。這個區域本來就對類似拒絕的社交性痛苦有敏銳的反應，負責扮演探知失誤或調節情緒的角色。

問題是前扣帶迴皮質反應過度的時候。

根據二〇一七年以一般人為對象執行的研究，前扣帶迴皮質的體積越是增加，完美主義的傾向越明顯。此大腦區域是關於完美主義的神經解剖學基礎。具體而言，前扣帶迴皮質的灰質體積越增加，越是過度擔心自己會犯錯，過度懷疑自己的行為。尤其，此區域體積增加的人，很難對自己的能力與成果有信心，憂鬱、不安與負面情緒便隨之而來。

前扣帶迴皮質區域特別在感到嚴重不安的人身上，表現出獨特的活動

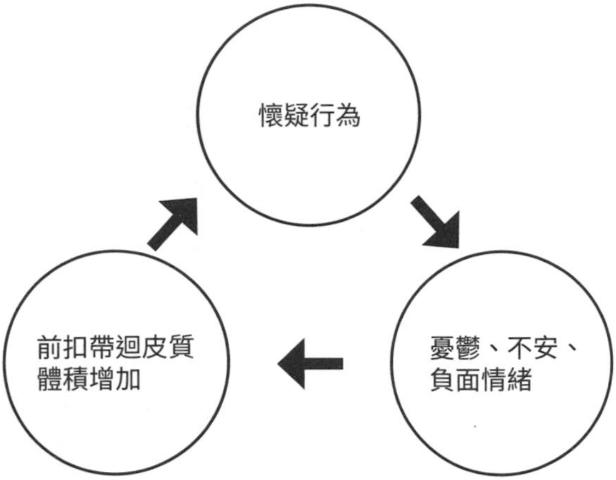

性。因為他們對於有關自己與他人的資訊、正面——負面情緒價（emotional valence），以及彼此迥異的刺激間相互衝突，發生的各種錯誤，反應格外敏感。因此，即使本來專注在目標行為上而閃閃發光，瞬間突然就對自己與他人評價間的差異，或是現實與理想間的落差，變得敏感。

這樣對錯誤與落差反應敏感的危險模式，很容易變成習慣。只要稍微陶醉在自己的風采然後就能過去的事，卻總

21 前扣帶迴皮質位在負責高層次認知功能的大腦前額葉皮質（prefrontal cortex）與額內迴（medial frontal gyrus）的內側，掌管整合認知與情緒資訊的功能。

是很耗費心力。即使一百件事情中，有九十九件做得很好，沒那麼好的那一件事也會使其他九十九件的價值被貶低。

尤其是對名聲與評價很敏感，對自己的失誤反應很刻薄的「評價憂慮型完美主義」（evaluative concern perfectionism，ECP），不同於比起他人設的標準，更在意自己制定的價值標準的「個人標準型完美主義」（personal standard perfectionism，PSP），唯獨呈現出前扣帶迴皮質的異常。

事實上，即使事情失敗了，即使你很生氣，但不太擔心名聲的話，前扣帶迴皮質區域並不會呈現明顯的特別之處。然而，擔心他人的評價的人，若是犯了錯，包含前扣帶迴皮質的額內迴，則會呈現過度神經活化的特徵。因為是探知失誤與自我調節有關的區域，所以意識到錯誤後，連反應速度也會變慢。

這樣過度在意他人的狀態持續下去的話，也就是說，前扣帶迴皮質過度活化的狀態持續的話，人們必須立即做的事，或是能做出的反應就會被拖延。緊抓著滿是傷痕的自我概念，既不能往前，也無法倒退，只能停留在原地。

仔細追究的話，我們不需要那麼完美，也無法做到完美。但不認同這點的人們，呆呆地站在由不必要的信念與敏感的大腦勤奮合作下，創造的不安與憂慮、自我責難與完美主義的牆裡；同時沉浸在今天的不幸、今天的不足之中。

問題是，這樣的完美主義傾向，隨著世代的更迭，在逐漸增加當中。可以說走向憂鬱與不安的大門越來越寬廣了。

根據二〇一七年的一項整合研究，從一九八九年起至二〇一六年止，人們對關於自己與他人的完美主義標準，呈現持續上升的趨勢。此外，評估他人希望自己的標準有多高時，推測的答案也漸漸變高。

在意他人的完美主義傾向，經常導致慢性自我不確定感與自我懷疑、低落的自我效能、憂鬱、自殺思考等病態性症狀。因此，如果自身存在著完美主義的不安，比起把它當作個性上的特徵，更應該視為一種臨床性的徵兆（sign）。

更加仔細地衡量看看自己的行為模式或成果產出的模式吧；也就是說，在有產出以前，若有許多拖延行為的話，那麼就代表，需要觀察看看屬於你自己的動態了。

停止跑在前面的擔心，停止徹頭徹尾修正自己的想法、行為與產出。如果是有完美主義傾向的人，希望可以避開《削木棍的老人》這本小說。如果不想削著削著削出一支牙籤的話，就放開手，不管是在腦中或是現實中，按下「向外傳送」的按鍵吧。出去外面，久違地喝杯美味的咖啡也很不錯。

雖然對於自己的執行與成果，可能很希望有人能「完美地」使自己安心，但無法「完美地」了解你的人，是不可能給予你信心的；他懂什麼呢？

比起任何人，你是最了解自己的。因此，快速掌握你對哪些錯誤與落差較敏感，然後必須練習將偶爾莫名其妙出沒的不安開關直接關掉。

「別在意，已經夠好了。
完美就算了吧，只要以很不錯的我存在就夠了。
好，下一個。」

—臨床心理學家的話—

有好結果的話很好，沒有就算了

你既感到憂鬱也感到不安，若還加上完美主義傾向的話，那麼最好先觀察一下你的完美主義，無論用什麼方法，處理好是比較好的。因為在內心不穩定的狀態下經歷的完美主義，會持續妨礙建立正向的人際關係，即使心理治療後，也會產生負面影響[22]。

雖然一定也有對自己有幫助的完美主義，但完美主義者大致上不懂得「適度」。因此大部分的完美主義者，都有各種身體上或精神上的病狀。

即使說大多數韓國人都有也不為過的「慢性疲勞症候群」，就是代表性的例子。根據一項追蹤慢性疲勞症候群患者日常生活的研究，自我批判性完美主義，最終會導致每天的煩躁，伴隨而來的是非常危險的壓力敏感性、憂鬱、自殺意圖。擔心別人會怎麼樣看自己的這種憂慮，總是把我們的心往下拉。

心理學中，將關於如何向他人展現自己的自我評價，以及相關的情緒，歸類為「公眾自我意識（public self-consciousness）」。情緒跟隨著公眾自我意識而來；其中，雖然也有像自信這樣的正面自我意識情緒，但羞愧或自責之類的負面自我意識情緒是更常見且多樣的。

若開始陷在負面自我意識情緒中，客觀情況便再也無法輸入到腦中，停止合理的認知處理。不僅如此，在人際關係方面，甚至會有「太過緊張而感覺要吐了」的生理感受。以羞愧與自責的心態，持續咀嚼自己的言行與情緒的話，將導致憂鬱、不安與失眠。有很多人因為這樣的經驗，第一次決定接受心理治療。

22 當然必須區分你的完美主義是否是真的完美主義，還是因為懶惰所導致的不良習慣。若是後者的情況，那只是優柔寡斷且容易拖延的習慣而已，並非完美主義。這類型的人，為自己貼上完美主義的標籤，並且很懂得向他人展現出包裝得還不錯的樣子。

但正確來說，問題不在於自我意識「情緒」，而是與完美主義有關的錯誤「想法」。統計上，從研究數據中排除完美主義特性的話，自我意識情緒對憂鬱或不安的影響也隨之消失。此發現透過一九九七年的〈完美主義、自我意識、不安（Perfectionism, self-consciousness and anxiety）〉研究發表後，也得到多次的驗證。

或許可能會想：「我想要變好的話，該怎麼處理這樣的心情？」事實上，憂鬱或不安等臨床問題的起因在於，以「我必須這樣做、那樣做才行」的方式，束縛著自己的完美主義。

在小時候的養育過程中，被賦予的過高標準，與因此變得更堅固的超我（superego），以及隨著原生家庭的動態而太強的自責與自卑，使我們過分地「努力」。為了不添麻煩、為了不聽到負評、為了不失敗的社交生活，而過度監督自己的行為。無法停留在現在此瞬間，有時候把過去重複上演，有時候模擬無數個未來可能的情況，在這樣的過程中，內心變成超載狀態。

當然，在自己生活中投入各種努力是件好事；然而，應該僅止於此。努力就已經足夠了，沒有必要忍受著過多的痛苦，為了完美而費盡心力到內心粉碎。

平心而論，我們活在生命何時結束也都不奇怪的各自的軌跡上。雖然沒有必要每天都過得很快樂，但至少對自己寬容一點也好。

請別因為在意他人的視線，而為了不會發生的事戰戰兢兢的。懷抱著壓抑的心情，在凌晨睜著眼，為了從湧上心頭的不安轉移注意力，花好幾個小時無意義且膚淺地瀏覽網路，這事實上使你更加不安不是嗎？

完美主義在與正面情緒經驗結合時，會交出最好的成果。當享受自己追求完美的模樣、樂在「看似」完美的情況、對無法完美的結果也能若無其事地笑時，完美主義會帶來「最佳的結果」。（我不會說是「完美的結果」，反正沒有這種東西，尤其是完美主義者的腦袋裡。）

不要這麼賣力，只要盡現在能力可及的努力就好。

有好結果的話很好，沒有就算了。

我自己也不知從何開始，像咒語一樣默記著這句話，這也是治療時最有效的話語之一。

有好結果的話很好，沒有就算了。

工作或愛情、養育子女或婚姻失敗，會降低我們的價值嗎？不會的。如同非洲諺語所說：我心中沒有敵人的話，這世上就沒有什麼能傷害得了我。因為我已竭盡所能，所以只要我內在沒有任何刺激我自己的敵人，外在的任何事物就無法隨意詆毀或傷害我。

我有時候會向學生或諮商者部分自我揭露（self-disclosure）幼年及青少

年時期，經歷多年廣泛性焦慮症或中度憂鬱的想法與情緒。也會跟他們分享，現在回首一切，會覺得自己那時候為什麼要對自己那麼刻薄且那麼賣力的想法。

「那一切都是有好結果的話很好，但沒有就算了的事；而且可以照顧那時的自己的人，也就只有自己而已。」

雖然我能做到那件事的話很好，但不行的話就算了；雖然那個人能喜歡我的話很好，但不喜歡的話就算了。

雖然這次的嘗試能帶來好結果的話很好，但沒有的話就算了。

碰巧多虧了我的努力，事情發展順利的話，我就帶著小小的自我效能感，規劃下一件事即可。

萬一事情不成呢？那麼，就算了。

竭盡所能、做到不會讓自己不快樂的程度後，只要以「所以還要我怎樣？」的心態，找出其他快樂的事，並樂在其中就可以了。

希望那時候你能找到讓自己感到最純真、單純、幸福的事。

獨自在 Netflix 上看電影、寫寫只屬於自己的文章、沖杯好喝的手沖咖啡、追星或是追《星際大戰》、拼模型、和愛的人肩並肩坐著什麼事也不做、和網友分享荒謬的玩笑、觀察路人……

必須有一份任何完美主義都無法介入的「快樂清單」。

我們未來也會持續失敗，並經歷出乎意料的不幸與拒絕。但儘管如此，我們還是會像一直以來那樣，戰勝每天一點點的虛無，還算不錯地過著。

我們沒有必要變得百分之百的完美，也沒必要透過成就來獲得他人的認同。那些成果對自己的尊嚴與價值有很大的意義嗎？

在我們所走過的數十萬小時的時間裡，我們一直都是完美地活著的。

不是零也不是零點五，而是做為一，一直存在著。

沒關係，已經夠好了。

不要這麼費盡心力。

今天的功課

找找看，你一定要變得完美的原因。
尤其，觀察這破壞性的完美主義，如何在你心中占據地位、任意攻擊你的心。

建立能讓你做為你自己，感到純真與幸福的清單。
並在這週抽出幾個小時的時間，專注在這些事情上，讓你自己安心。

請買個小禮物送給自己。

我們克服每天的不安與虛無，一路這樣過來了。
沒關係的。

Episode 6

世上不會再有像我一樣的人了——委屈與外在歸因

若要給S的表情起個名字的話，有時候是憤怒，有時候是悲戚。

「大家聽到我的故事的話，都會笑說怎麼會那麼倒楣。儘管我盡可能努力了，但過一段時間，就只有潑冷水或把事情搞砸的人，所以我漸漸變得敏感。從來沒有輕鬆解決事情過。有時候即使睡了一覺醒來，仍會一股火湧上來，感受到原來這就是氣急攻心啊的程度；有時候又想，這樣到處跌跌撞撞就是我的命嗎，而覺得很無力。」

S說他要花很久時間才能睡著；關燈躺下後，太多的想法就像暴雨一樣傾瀉而出。

那時候要不是那個人、那時候要不是那件事。

要不是、要不是……

一旦加上「要不是」、「如果不那樣的話」的但書，就會因為所有一切都會比現在好的想法而憤怒不已；壓力特別大的時候，委屈感就像爆炸一樣湧上心頭，有時候也會覺得乾脆把想法切斷。

他過去的生活並不是那麼順遂。雖然沒有可以被記錄為臨床程度的創傷的事，但在重要的成就機會來臨前，往往會運氣很差地遇到重要社交關係變僵與斷絕的情況。雖然沒有太大的問題，但曾被不好的名聲折磨而受委屈；計畫好或進行中的事，悲慘地被中斷的情況也常有。這些事無論是誰幾天或幾個月遇到一次，都是會內心備受煎熬的。

但S的情況，在前期幾次的心理治療過程中，明顯展現出特有的模式。若我覺得他實際所經歷的事應該很辛苦並表達同理，他就像在角色扮演被害者一樣，更加陷入在自我情緒當中。

如此一來，如果他感覺自己沒有得到充分的支持，便會再拿出其他事件，試圖說服我他的人生很苦。

在這樣的情況下，治療過程變得相當緩慢。他每次都會以新的內容重新包裝類似的主題，傾吐自己多麼委屈與辛苦，經常把對話又帶回原點。

但靜靜聽內容的話會發現，比起自己，他更加詳細描述他人的行為，且往往會問我關於其他諮商者的生活，為了他們和自己誰比較不幸，競爭了起來。

「那是理所當然會那樣的事，我來做就可以的事，但上面突然下達這種指示，我還能怎樣。我現在不敢相信別人，也幻滅了。我又不是笨蛋，真是的……雖然我不是真的要殺了誰，但常常想，要是那個人死了該有多好。我沒有慾望想再多做些什麼，像現在這樣維持現狀，好像就是我所能做的。天啊，還有人像我一樣嗎？」

我雖然差點回答他「那樣的人，非常多。」但還是先照相同的模式回應了。那天對S來說，好像真的是很辛苦的一天。

—腦科學家的話—

自我發展委屈的人

人的大腦本來就被設定成「對的話，是我的功勞，錯的話，是別人的錯」的模式。

這是認知上做到自我保護的重要資源。我們的大腦具備相對單純簡單地解釋過去與現在的複雜情況，並朝著對自己有利的方向預測未來的良好功能。

特別是這個世界，（其實事件本身沒有任何意圖）是個轉瞬間、非常頻繁就會發生對自己有負面作用的事件的地方，所以只有我善待我自己，才能快樂生活。

心理學稱內心這樣的習慣為「自利偏誤（self-serving bias）」。

人們在遇到事情的時候，會為了找出原因而進行歸因（attribution）。對於結果是正面的事，便以自我歸因（self-attribution）或內在歸因（internal attribution）的方式說：「都是我的功勞！」相反地，對於結果是負面的事，則採取他人歸因（other-attribution）或外在歸因（external attribution），並說：「是你的錯！」

我們尤其在感到關於自己的自我概念受威脅時，會對問題的原因進行外在歸因。

舉例而言，當我是成績很好的學生的此一自我概念受到威脅，就會說：「考題很奇怪！」若我是很有禮貌的人此一自我概念受到威脅，則會以「第一次遇到這麼奇怪的人！」的方式，把原因轉向外在。

儘管看起來像是我們為了保有自尊，而做出本位主義偏誤的拙劣辯解，但事實上，在心理層面上起了相當大的作用。

然而，有些人是無法做到「對的話，是我的功勞，錯的話，是別人的錯」的本位主義偏誤的。

研究結果顯示，患有憂鬱症的人，其本位主義偏誤是相當弱化的。甚至儘管只是為了研究目的，在實驗中製造人為的憂鬱感，應該啟動來保護自己的本位主義偏誤也失去力量。

長期暴露在家庭失和之下，自責認為父母吵架都是自己的不好，費盡心力想理解這種情況的孩子們也是如此。為了某個人的安好，或是因為對關係扭曲的想法，而義務性且持續經歷過度的自責感的話，本位主義偏誤將逐漸弱化，最終喪失保護自己的力氣。

都是我的錯。
我們家的不幸與窮困、父母離婚、
那人的死、我的離別、我的失敗，
一切都是我的錯。

據研究，本位主義偏誤崩潰時，會導致心理、生理上的疾病，或使既有疾病持續下去。因此，在心理治療時，也會花很多時間在導正過度的內在歸因，心理相關的書籍也經常討論這樣的問題。

但在這裡，我反而想討論本位主義偏誤過高的情形。談談這個因為經常經歷到，反而容易被忽略，因而默默阻礙了我們的心理成熟的自我憐憫與委屈。

很少有人可以放下失敗感、絕望感、羞愧、輕蔑感糾結在一起的記憶，瀟灑地維持客觀。

人們在這樣的情況下，設定「可憐的我」而非「不好的我」的原因是，反正不管怎樣都是為了過日子；因為現在已經為了失敗那麼痛苦了，所以還沒準備好歸咎於「我的錯」；因為只有怪罪於別人，自己才能從喪失控制感、不穩定感、不安、挫敗感中，轉移注意力[23]。

埋怨委屈的事中，有說不清到底是誰的錯的，也有反而是自己的錯的，也有些事是，就算是某人的過錯，但現在追究也於事無補的。

這時候，即使歸咎於他人並訴說委屈也無益於實際解決問題，但在別人眼中看來卻也煞有其事。除此之外，偶爾身邊的人也會給予支持。最終，因為能有所收穫，便無法拋棄這頑固又戲劇化的對應方法了。

因此，若想導正過度怪罪他人、怪罪環境的外在歸因的話，先姑且不論導正，讓本人承認自己有這樣的不良習慣就要花費非常久的時間。

對負面事件外在歸因，或是揣測曲解他人的心、以被害妄想扭曲事實等精神病症，與大腦多個區域[24]的異常活動性有關。

在一項以沒有臨床症狀的一般人為研究對象的研究中也發現到，如果注意看似對自己有威脅性的事件，或處理該資訊的話，也會出現相似的結果。

對此，許多研究者關注在我們大腦中包含一部分顳葉顳上迴的顳頂葉交界區（temporoparietal junction）。這個區域在進行社交互動時，參與衡量他人的情感與想法，因此被視為社交性互動的核心區域。然而，這個區域無法運作的話，會發生什麼事呢？

如果以特殊的方法[25]，暫時抑制負責揣測他人心思的右側顳頂葉交界區的

23 實際上來進行心理諮商的諮商者當中，有些人與其傷害自己、鑽進憂鬱裡，還不如乾脆責備他人讓自己撐下去，並把此視為幸運；因為無論如何都要從情緒的痛苦中活下來。

24 左側右側前額葉皮質（lateral prefrontal cortex）、腹側紋狀體、顳葉顳上迴（superior temporal gyrus）、海馬迴周圍區域（parahippocampal region）。

25 研究者們利用經顱直流電刺激（transcranial direct current stimulation, tDCS），以短暫增加又降低這區域的活動性的方式進行研究。暫時麻痺大腦活動性的研究雖然看起來有點奇怪，但必須暫時抑制特定大腦部位，該區域的功能才能清晰顯現。此後，有別於經顱直流電刺激，發展了不會對大腦造成實際傷害的「非侵入性腦刺激（non-invasive brain stimulation techniques）」，是現在被廣泛運用的一種研究方法。

活動性的話，想知道對方是否懷有敵意的執著就會增加。而抑制左側顳頂葉交界區的活動性的話，也會導致過度推測他人的意圖[26]。也就是說，當開始懷疑他人意圖時，並不是俗話說的「腦袋想太多」，而是因為我們大腦有一部分無法正常運作的關係。

顳頂葉交界區不只負責推測他人的心思，也作用於同理心與道德判斷，尤其是抑制或調節對他人的敵意與攻擊性的功能；因此過分歸咎於他人的人們，有時也容易實際表現出憤怒。

如果是健康的心理狀態，即可以適度地進行歸因。即使想把一切歸咎於他人，也會想：「哎呀，清醒一點，忽視這些病理性的想法吧！」可以快速察覺到跑太快的想法，並在原地停下來。

也有些人會暫時停留在不可避免的挫折與孤獨中，以提高自己的心理成熟度。適度抑止想把工作或愛情的失敗完全歸咎到他人、歸咎於情況的衝動，同時在不管以什麼方法維持真實感的狀態下，可以以「別人的錯多一點，自己的錯少一點」的心態生活下去。

但是，這樣的對應方式若變成自動出現的習慣，抵抗挫折的力量——心理學稱之為「對於挫折的耐力」，會漸漸變得不足。這種不想檢視此刻的自己的防衛性態度，會導致注意力與憤怒持續轉向外在，因此剝奪了洞察自己的機會。只要如此，不檢視自己的問題也沒關係，所以自己也沒什麼顧慮。

然而，此時大腦與心正在策劃著奇怪的事。也就是在觀察他人的心思與社會脈絡的社交性大腦活動性低下，且抵抗衝突狀況的心理力量不足的情況下，比起積極尋找克服壓力的方法，更加專注在產出憤怒、委屈與疏離感。

26 在這情況下還算幸運的是，專注在他人「沒有敵意的」意圖。

有些人明知道會使身旁的人感到疲憊，仍舊持續不斷自我發展委屈與孤獨感。偶爾很辛苦的時候可能會如此，但你必須檢視自己，是否因為你的精力放錯了地方，反而對你自己造成傷害。

那些都是你很珍貴的生活能量。
就用來自我發展其他東西吧。

自己的寬容也好，
可愛也好。

—臨床心理學家的話—

你的過去不代表你的未來

沒錯，活著並不輕鬆。

我們生活上遇到的事情當中，十件有一、兩件是熱切期望的，剩下的八、九件，則是無關乎我們的意志，就那樣發生的事。

相關的研究結果也持續出現，一般人口實際上的壓力水平正逐漸攀升。

尤其因為與他人的關係是更加無法控制的，所以有時候確實會焦躁且容易不高興。原本打算要以沒有野心、安逸的態度過日子，但摒除雜念之後，又因為與他人的關係或是投入在角色當中，認為「不是我的話不行！」而費心。

雖然應該要順從接受已經發生的問題、對自己的行為負責、有時要欣然承擔孤獨的重量，但許多人為了防衛保護自己，別說欺騙他人了，甚至也欺騙了自己。

尤其是遇到各種失敗或挫折時，因擔心自身的價值受損，而選擇「擺爛」。開始尋找可以成為擋箭牌的人，不管對方是誰，可以指責的人也好，可以伸出援手的人也好。

比起磊落地面對眼前的問題，不管用什麼方法都好，寧可逃避；久而久之，對外在環境的依賴將提升，自尊則會下降。要是沒有別人，一切便陷入窘境。

如此一來，儘管偶爾遇上好事，也很難獨自自由地享受其中。

然而，若把你有限的時間與精力，用在對瑣碎小事不高興與委屈，往後的人生可能真的會變得委屈。

請不要讓過去的事件，決定你的未來。

應該冷靜想想，當五年後回顧現在的一切時，會因為無法抱怨你的委屈而感到後悔，還是會因為當下什麼也沒做而感到後悔。

縱使讓自己受挫的對象真的存在，但若你無法馬上到可以改變那可惡對象的位置上，就應該盡快察覺出已不知不覺悄悄滲透到自己的外在歸因模式，重新整頓內心的框架。

如果內心的框架寬大，並且整齊地擺放著的話，「都是你，害我還是那麼不幸！」、「要不是因為你……」這些自動重複浮現的畫面、話語及心情，就能若無其事地從內心的空間一閃即逝，輕輕地，使自己毫髮無傷。

為了使內心的框架變得寬大，最好與糾結的內心保持一點距離，然後檢視自己。必須承認在心中浮現的負面想法、委屈與憤怒，並寬容地接受。

沒有必要刻意控制內心的感受。越是想壓抑想法，此想法反而得到更大力量的「思考壓抑反彈效應[27]」（rebound effect of thought suppression），也是這種接納（acceptance）方法的重要依據。

如果你因為不必要的自尊與依賴，無法做出對自己最好的選擇而停滯不前的話，有幾點是需要特別注意的。

首先，仔細掌握理想的自我形象，然後必須找出並送走屬於幻想程度的目標。可能因為你現在的自我知覺或對未來的預測，設定稍微不太對，所以使你感到混亂。

雖然不管對誰來說，設定理想的自我可能都是重要的事，但也不是一定要設定的。若你實現了很高的成就，那當然是好事；但儘管沒有那樣的成就，也不會拉低你的價值。你並不是那樣的人。你的價值，從一開始就一直好好地在那裡，希望你能發現。

若已經設定好理想的自我，那麼就那樣放著，期望總有一天能變成現實自我的同時，只要做現在所能做的就夠了。

我重複這句話好幾次了——沒有就算了。

其次，必須丟掉一直注意別人在做什麼、對別人的成果感到不舒服或痛苦的習慣。「那個人只是運氣好。」、「要不是我的原生家庭，我現在也不會這樣。」、「我遇到的情況不公平。」必須盡快意識到這些想法是多麼沒用的認知資源浪費。

27 「從現在開始到讀完這篇文章為止，請絕對不要想『好吃的彩虹年糕』。請用盡所有方法不要想好吃的彩虹年糕，只要一浮現相關的想法，就請按下這個按鈕讓我知道。」收到這樣的指示之後所浮現關於彩虹年糕的想法，多到足以寫成學術論文了；雖然很不好意思，也只能一直按下按鈕。許多論文證實了阻止思考的企圖本身，反而會引起反效果的理論。但最近也有相反的意見認為，這樣的壓抑企圖，有助於遺忘。

從現在起，應該理性計算可以改變與不能改變的事，以及需要改變與不需要改變的事。

都到了過二十五歲的年紀了，不值得還在對虐待幼兒時期的自己的原生家庭發怒。請不要回頭看。

已是成人的你，是你自己的監護人。

最後，如果沒有可以客觀監督你的行為的人，頑固的外在歸因模式就很容易固定下來，因此找到可以一起解決這問題的人也是很重要的。

認為關於自己的惡言或負面回饋都是出於嫉妒，而感到精神勝利的話也是不行的。事實上，你身邊的人跟監護人也不能無條件安慰你地說：「都是因為你太棒了。」那只不過是讓沉浸在被害者角色中的你的自我，持續變得怪異而已。

哪怕只有一個人也好，你身旁需要可以客觀地抓住你，告訴你：「現在與其覺得委屈，應該是檢視自己的時候了。」

如果真的是他人的錯，那麼現在先壯大自己的力量；如果不是任何人的錯，那麼應該檢視自己扭曲的想法；如果是自己的錯，那麼就應該從那刻起重新調整成長的墊腳石。

你的過去，並不代表你的未來。

今天的功課

慢慢檢視你自己。

在什麼情況下，我特別會像是講口頭禪一樣，
出口就怪罪他人呢？
那麼做，究竟在哪方面發揮了什麼作用呢？
有適時給我忠告的人嗎？
我又是如何被他人記著的呢？

Part 4

不要試圖尋找意義

無論是工作或感情失敗，無關乎自己的意志，而是因為天生的氣質特性，憂鬱於是找上門了。每當那樣的時候，以「喔，來啦？」的心態接受與承認它，讓自己準備好以主體性房東模式來迎接憂鬱，而不是把自己當作憂鬱的被害者。

Episode 7

你剛說的話是什麼意思？

——尖銳防衛

特別在那天，M尖銳的態度就像用過的菜瓜布絲一樣，一直刺破原本光滑的諮商表面。對於我提出的問候或普通的問題，M也反覆詢問隱含什麼意義。同時，他按照過度講究禮貌的慣性，似乎盡量在壓抑他的不悅，但看來沒什麼用。

「您好像覺得我的問題有別的含意。」

「對，您好像一直在拐彎抹角，如果有什麼話想說，希望您可以直說。」

對M而言，今天的諮商過程好像一點也不舒適。另一方面，他又希望我能快點讓他感到安心，咬著下唇內側。

M在人際關係方面，總是那樣帶著刺。若是暫時放鬆的話，就感覺這裡也撞一下、那裡也撞一下，到處在招惹自己，所以和其他人在一起的場合，他很難舒服自在。

和別人聊天的話，他會展開無止盡的小劇場，思考對方說那樣的話有什麼含意；為了猜想隱藏的意思而使腦袋精疲力盡的程度。

為什麼非要回頭跟我說那種話？

為什麼偏偏在我到的時候開那種玩笑？

剛剛那眼神是什麼意思？

就算是中立的線索，M也打開僵硬的防護網，努力進行誰也沒預料到的自我辯護；不知不覺地，M就算沒有跟別人在一起的時候，也反覆想著過去的事，每當這種時候，心就亂跳。

在拚命收集不平衡的證據的驗證性偏誤（confirmation bias）世界裡，把每分每秒都在增加的假設排成一列，為了證明自己的信念，思考各種情境劇可能實際發生的數量。

M在與戀人吵架的過程中也有一定的模式。愉悅的話題聊到一半，突然板起臉孔問「剛剛那個表情」或「剛剛那句話」是什麼意思，因此成了吵架的導火線。

這種事重複幾次之後，戀人對M的問題不再積極解釋，逐漸開始露出煩躁。

M意識到再也得不到讓自己放心的滿意答案後，更加拚命地抗爭。那樣的抗爭，在戀人面前，以及在滿滿悲傷與憤怒下獨自回家的M腦海中，都反覆上演好幾次。

「你以為我不知道那話是什麼意思嗎？」

腦海中一直如此繁忙，如今事實、想法、情緒、假設都糾纏在一起，到了已經分不清楚的地步了。

那樣的情況一旦發生，將長時間很難找到自己的步調，結果便總是在錯過愉快的體驗或接近有益的事的機會。

—腦科學家的話—

恣意的推測和懷疑所打造的拼圖遊戲

意外烤出聖母瑪利亞肖像的吐司，在美國的拍賣會上以兩萬八千元美金（約韓幣三千五百萬）得標，這件奇聞反應了我們大腦的特性。

都不夠看著奶油與果醬在烤得金黃的吐司上美麗融化的時間裡，有人為意外烤得焦黑的麵包賦予了意義，並拿到很多人出席的拍賣會上，還有人以巨額帶走了那塊麵包……雖然不禁會想，有必要這樣嗎？但人本來就是如此。

人的大腦是為了尋找邏輯與規則而同步的機器。孩子們也會在看到油漆斑點或雲的形狀後說：「這是大象！那是兔子！」試圖解讀它的意義。

當然，我們不會總是只想像愉快的刺激。人們的表情與語氣的變化、對話停止或是誰疲倦了、聚會提早結束或取消，我們的負面推測與假設，以這些非常瑣碎的偶發事件為基礎，無止盡地展開[28]。

急於尖銳防衛的人們時常經歷到的問題是：任意拼湊資訊且想法突然跳躍。

為什麼他表情突然變了?↓（想法跳躍！）↓原來那個人討厭我啊！

然而，想法在這裡不是一個接著一個的。而是放下靜靜不動的想法，突然用力抓住別的想法，然後快速跳躍。

28 這時如果是思考「內容」的問題，將導致被害妄想、誇大妄想、罪責妄想、奧賽羅綜合症等；如果是思考「過程」的問題，將表現出跳躍思考、想法像是被中斷停止的思考斷絕、突然的聯想鬆弛（loosening of association）、不連貫的想法（incoherent thought）等。

把極度中立的對話解讀成負面意圖的錯誤歸因（misattribution），以及忽略毫無意義的偶發事件，將之猜想為與自己有關的關聯性思考（idea of reference），這些也是在內心疲憊的人們身上，很容易發現的症狀。

「那些人現在是在罵我嗎？」

雖然是基於腦中的假設與思考所衍生出來的，但力量一點也不小。因為毫無實際真相與根據，那樣的信念反而像信仰一般堅固。

因為毫無適切的證據說明別人為什麼討厭自己，所以周圍的人、臨床學者、科學家也都沒有理由可以反證那堅決的意志。

腦中的想法有組織地交織在一起，對於創造出有建設性的成果是件好事。然而，不著邊際的懷疑與猜測，被自我價值感、自尊心、效能感糾結在一起，緊纏著腳踝往下拉，這對人生一點幫助也沒有。

在思考的過程與內容有問題的精神病患身上，可觀察到腹內側前額葉皮質、杏仁核、腦島、紋狀體的異常。這些區域參與了把來自周圍環境的資訊與自己建立連結，進而處理的自我參照（self-referential）過程。當這部分出現異常，感覺周圍發生的所有事都像是與自己有關的謬誤就會發生。

因此，異常的大腦活動性或連結性，不僅單純導致「是在說我嗎？」的關聯性思考，與堅固的關聯妄想（delusion of reference）也有顯著相關。即從人們的動作、對話，到東西故障等周圍的中立事件，都確信與自己有關並且隱含特別意義的妄想。

除此之外，這些大腦區域與處理情緒的角色也有很大的關係，因此思考不只停在思考，更加重了情緒的痛苦感。在無法妥善處理內心不安的情況下，痛苦的憂慮、毫無根據的憤怒會漸漸擴大。

「那個人討厭我的話怎麼辦？」（即使有人真的討厭你，通常也不會發生什麼大事。）

「那些人說我的壞話怎麼辦？」（本人不在場的話，就算是國王也會被罵了，我們難道就不會被罵嗎？這不是什麼大不了的事。）

「另一半看不起我怎麼辦？」（……這應該要分手。）

以敏感的防衛先發制人的人們，確信自己刻意編織好的悲傷假設，總有一天會露出它悲劇的面貌。因此，當開始對偶然獲得的中立線索湧上一股怒火，表情便漸漸變得僵硬，硬是對周圍的人們說些不成熟的話。

讓我們試想一下這樣的情境——在許多人參加的聚會場合，因為某人的玩笑或不經意的一句話讓我們感到被冒犯，於是脫口而出：「幹嘛，故意說給我聽的嗎？」或是「為什麼說那種話？」等話語，把憤怒抛給在座的人，瞬間破壞氣氛，出席者都感到錯愕。

如此一來，我們為了擺脫這不自在的情況，以及為了正當化已經脫口而出的憤怒，反而更加提高憤怒的程度，結果比起原本預期的發了還要更大的脾氣。

如前所述，爆發性地表達自己的情緒時所經驗到的宣洩正面效果，是不具有充足的科學根據的。

我們在表達憤怒時，所有的情緒反應都會集中在憤怒上。因為沒時間回顧孤獨、悲傷、美妙的安心感等其他情緒，所以無法接收這些情緒能傳達的訊息。剝奪了從憤怒以外的其他情緒經驗意外獲得洞察或智慧的機會。

也有研究結果顯示，表達憤怒進而激怒對方，使社交關係惡化的情況，往後也將導致憂鬱症的發生。

生氣的時候，運作得特別良好的「工作記憶（working memory）」也是一個問題。

工作記憶將經歷過的事暫時儲存在腦中，再透過必要的作業取出結果。工作記憶在解心算題，或記住對方的話後再依自己的方式解說的過程等日常生活的所有瞬間，都經常發揮作用。

根據研究，人們在表達負面情緒時，工作記憶維持得更好。因此，生氣的人很難脫離剛剛發生的情境。雖然其他人已忘記稍早的記憶，吵吵鬧鬧地融入在歡樂的情境當中，但只有已經生氣的你，清清楚楚記得剛才的氛圍、對話內容與表情，做為發脾氣的素材使用。

若應該適度放手的資訊，卻獨自緊緊握在手裡而持續憤怒的話，當其他地方立即需要這雙手時，也只能伸出拳頭、呆站在那裡。

也就是說，你的情緒與認知的精力是有限的，但你依舊把精力投注在失望與生氣上。

如果你正玩著揣測的習慣、過去的記憶與負面情緒任意闖入的非理性、不合理也不必要的拼圖遊戲，那麼應該先暫時原封不動地觀察這狀態，然後果斷地保持距離。請不要放任大腦內的電化學訊號，在思考、情緒、自我概念區域到處隨意亂竄連結。

因為你本來並沒有那麼生氣，而其他人對你說的話本來也沒有那個意思。因此，當感覺到自己的存在或價值感似乎被他人刺激，而湧上不悅的煩躁時，必須要對自己說：「啊，我又這樣了！」非常冷靜地觀察自己。

不至於到那個程度。

縱使有人帶著惡意嘲諷你，請清楚地告訴你自己與他人：那些話語是無法損毀你的價值的；請不要心甘情願捲入那無禮之中。

按下我的開關的時機點

——臨床心理學家的話——

許多有關心理學的書籍裡，經常談論到有關為了保護自我，而無意識且自動運作的防衛機制（defense mechanism）。

把自己的潛意識感情與渴望，像是別人的一般，偽裝內心的「投射」，就是防禦性態度的一個例子：雖然後輩的一舉一動看了都很討厭，但不忍心說出口，於是向身邊的人說：「後輩好像討厭我。」以這樣的方式訴說委屈並隱藏自己的惡意。

因為無法如實表達自己潛意識的感情與渴望，於是改變方向，對社交上可接受的對象表達的「置換」或「轉移（displacement）」也是經常使用的防衛機制。即使對有權有勢的人感到火冒三丈，但絕對無法在那人面前表現出來而屏住呼吸，然後突然向身邊好欺負或脆弱的人無理取鬧地發火，或是打破無辜的東西等洩憤行為，就是轉移的典型例子。

觀察自己主要習慣使用哪種類型的防衛機制是非常重要的。但如果只專注在防衛的「類型」，恐怕會錯過真正重要的內容。因此，我想這麼問：

你什麼時候會特別打開防衛機制呢？

我們並不是在日常生活中的每個瞬間都採取防衛的。雖然習慣性會展開防禦網，但肯定有決定性的瞬間。

如果覺得上述的問題困難的話，那麼這麼問應該比較好。

你什麼時候總是會板起臉孔，或是感到憤怒呢？

你和什麼人在一起的時候、哪個瞬間（就算是其實笑一下就可以過去的事）感覺被攻擊而心裡變得不舒服，對羞恥心變得敏感？

對每個人來說，都有「按下開關」的時間點。

對外表、職業、學歷的自卑，不順利的個人經歷與家族故事，認真努力的過程、被無視的好意、得不到正當的回應，以及自己或子女不怎麼樣的成就等等，無論是誰，如果不想展現出來的弱點偶然被刺激到的話，雖然可能是別人就那樣過去的事，也會「啪」的一聲，理性就在那個地方停了下來。

當這樣突然按下開關，便會獨自發脾氣喊著：「別繞圈子了，有話直說吧！」或是突然退出聊著廢話、又笑又鬧好一段時間的聊天群組。

打出不成熟的一擊之後，突然擔心起自己的聲譽，或是自己想想都為自己的行為感到羞恥，於是不管用什麼方法，只好再繼續拿其他事無理取鬧發脾氣。就算如此，也要守護早已傷痕累累的自尊。

人們的開關在每個人各自不同的情況下啟動，但透過研究，相對清晰地說明了開關發生的原因。遭背叛的經驗、家庭裡的情緒虐待、同儕間的集體排擠等類似的創傷經驗，無數次製作出這樣的開關。因為自己的外表、個性、行為、能力，甚至存在，遭受到的無視、拒絕、指責時所經驗到的羞愧、自責與孤立的陰影，實在太深了。

如此被拉到谷底的我們，仍舊勤奮努力著回應微妙的線索。拿著銳利的矛，立下警惕：「我不再像以前一樣只會被欺負，我現在比以前好多了！」但憑此，很難稱得上是比較好了；心理方面而言，只看到仍停留在原地。

不知道這話聽起來感覺如何，但創傷經驗是非常常見的。一項以兩千零六十四名兒童為對象的長期追蹤研究顯示，三人當中有一人，即六百四十二名（百分之三十一點一）有創傷經驗；對此，沒有臨床學者感到特別驚訝。

按照這個比例，如果因為我的朋友現在精神健康沒有問題，我就推測他沒有創傷經驗，這可能是沒有禮貌的猜測。那朋友可能是從創傷事件活過來的人，並且知道自己的開關在哪裡。

如果知道開關的起因，那麼也會知道這開關如何啟用以及停止。日常生活中的應對方式會變得更加智慧與自然。因為知道自己的情感在哪些情況下會變得脆弱，所以不會做出怪異的選擇。

我也有好幾個開關。知道了各個開關的種類之後，我把有些開關做得非常小，是只有我看得到的程度；但也有些開關做得非常大，是誰都可以按的大小，抱持著「那又怎樣」的心態。

因此，就算在課堂上，我也能自在表現我的憂鬱與不安。不是為了炫耀那種情緒，好讓其他人來照顧我。是因為我自己決定，不要再為了不讓別人察覺我的脆弱之處或羞恥心而費力。我刻意選擇製作的大開關，現在誰來按都無所謂了。

應該要警覺那些為了保護自己而開始費力的決定性瞬間。雖然為了安撫與保護自己而努力並沒有錯，但如果執著於要在某個瞬間努力，才能保護自己的話，那就大錯特錯了。

若看著那些為了不被侮辱或貶低而不斷努力的人，任誰都會馬上感到不適切與不舒服。矛盾的是，越是那樣總是費力的人，越能立刻察覺出這不舒服的感覺，一邊說：「這氣氛是怎麼回事？為什麼這樣對我？」然後又再次憤怒了起來。

例如，和家人正過著不錯的時光時，

兄弟姊妹對我開的玩笑，讓我稍微有點生氣
↓其他家人指責我這樣的反應
↓我的怒氣蔓延到其他家人身上

類似這樣的模式。

雖然聽起來有點莫名其妙，但我們現在來想想「橘子」吧。你有多喜歡橘子呢？

有人會回答他非常喜歡橘子，也有人會回答還好。就算是喜歡橘子的人，也會有在冬天突然想吃草莓的時候吧；但儘管如此，這樣的人「基本上」還是喜歡橘子的人。相反地，不怎麼喜歡橘子的人，也可能某天突然覺得橘子味道還不錯；但能肯定的是，他是「不怎麼」喜歡橘子的人。

難道只有總是百分之百喜歡或百分之百不喜歡，才能回答有多喜歡橘子的問題嗎？每個人對橘子的喜好是具有變動性的，同時也具有大致的傾向性；更何況對人呢？

說到底，好惡與信賴是「程度的問題」。

不必要某個人每天都百分之百地喜歡自己，也不必要把某個人當作可以每天百分之百信任的人。

如果主張這是必須的話，那麼這是不可能實現的幻想。只要想想我是否還算喜歡那個人，而那個人是否還算喜歡我，這樣就可以了；和自己在一起的人們，只要「夠可信」就行了。

可能某天，對方真的對自己開了過分的玩笑或批評，但在按下憤怒的開關前，我們必須盡快回想自己與對方的關係與經歷。

他一直以來「還算是」喜歡我；
或者，他算是「大致上」疼愛我的人；
又或者，他說那種話通常沒別的意思。

和戀人因為自尊問題而按下憤怒開關時，也要盡快回憶起他在這之前展現的態度：「他是喜歡我的，我也喜歡他。回顧這段時間的經歷時，我充分認識到他是未來也願意和我一起突破困境的人。」

那麼，應該記住對方一直以來給予的正面訊息，並重新舒適地安居在現在愉悅或中立的關係上。

這麼一來，會漸漸明白，自己感受到的部分憤怒是源自於自己過去的部分問題。也就是說，現在的感受可能不單純是因為現在此刻的事件，或眼前面對的這個人的關係。

有時候也必須對抗製作這些開關的人。訓練勇敢對抗虐待自己的人們的心態，然後向加害者訴說自己正當的憤怒[29]，並且希望可以重新再養育自己。如果認為很難了解問題的優先順序、哪些方法適合自己的話，那麼我建議接受臨床心理專家或精神科醫師的指導，透過心理治療一起進行前期方向的設定。

無論如何，只有開始洞察這巨大的關係與動力，你才能從過去悲慘的感情中漸漸變得自由。

該是學習對自己，而不是他人，板起臉孔的時候了——「不會吧，我又……？」

現在並不需要那樣帶著刺。

你真的好好地一路走過來了，目前為止都還不錯。

29 能直接對話，並且確信有助於整理自己的感情的話，當面表達自己正當的憤怒是好的。但前提是，「無關乎對方的反應」。對方感到抱歉也好、笑也好、不聽也好，不管對方的反應如何，用自己的語言直接表達自己的憤怒，這是首要課題。我不建議把一定要得到對方的道歉當作目標。你在對方的世界裡挑起裂痕後，就請回來吧，之後的事就交給對方了，回到你自己的人生裡吧。

今天的功課

仔細想想，你的開關中，
誰都不准碰的有哪些？

Episode 8

這樣活著有什麼意義?——憂鬱感與人生的意義

「我的人生沒什麼特別的意義的話，即使沒有我也沒差不是嗎？最好的方法就是走在人行道上被車撞，當場死亡。所以我要是看到有人意外身亡的新聞，心中會湧起像是奇怪的希望的感覺，但也因此產生罪惡感……總之心情很複雜。」

「今天午餐吃了好吃的泡麵。」以這樣平淡的語氣談論著死亡的T，不太確定自己的憂鬱是不是真的憂鬱，因此決定先來接受諮詢。

在慢性憂鬱無力的諮商者身上，經常能看到希望「無自我意志介入的偶然死亡」的被動性自殺思考（passive suicidal ideation）。T也是如此，他對主動性自殺計畫或意圖感到恐懼；每當有這樣的念頭時，他就會因自己的宗教信仰而感到無比罪惡，他對自己這樣的狀態也很無奈。

T人生中的第一個記憶，是與爸爸感情失和而看起來毫無活力的媽媽，用憂鬱的表情及語氣叫著自己。從T孩童時期到現在，媽媽的影子一直是那麼深且黑。

其實T大概從國中畢業開始就意識到，關於自己為什麼要活著的這個問題，並沒有什麼適切的答案。那麼，繼續一點意義也沒有的人生，到底又有什麼意義呢？這樣的煩惱接踵而來。

他有時候會想，坐著遊樂設施爬到最高點時就摔下來的話，會不會扭斷脖子死掉？還是只是痛不欲生？如果就那樣死去，世界便走到了盡頭，但這對其他人而言又有什麼意義嗎？他還記得很清楚，自己也曾經思考過應該很少人會來參加自己的告別式吧；大概要幾歲死掉才會有很多賓客出席弔唁呢？

和不用太認真也能有好成績的小學、國中時期不同，T上高中之後成績一落千丈。到了高三要結束時，才終於想好自己想念的大學科系，因而決定重考。最後雖然考上自己想念的科系了，但人生也沒有因此有太大變化。

「準備重考的時候我真的非常憂鬱。那時候大概是夏天，我躲在重考補習班的廁所裡哭，回到自修教室坐在位置上後，也邊哭邊念書。真的很害怕……家境又不是很富裕，我繼續升學讀書的話，會給家裡帶來什麼改變嗎？……不過大學生活還是很有趣，教授們都很好，同學也都很友善親切，但他們對誰都很好，不是只對我這樣……你應該懂吧？」

他對艱苦的研究所生活感到卻步，而且還有就學貸款的問題，最後沒能如一開始的期望繼續就讀研究所深造；但在經過就業的競爭後，他找到主修相關領域的工作，領著還不錯的薪水，展開職場生活。

他下班回家後，就在網路論壇上瀏覽一些「社會議題、搞笑梗圖，跟網友們互相交流」，時間就這樣一天又一天過去了，但覺得人生沒有意義的沉寂又一貫的想法，依舊不變。

偶爾跟一直有保持聯絡的朋友們聚會、開著無聊的笑話而感到心情愉悅時，就會突然再次陷入「即使我現在不在這，大家還是過得很好吧？」、

「以後也不會變更好了，就差不多一直這樣活著吧？」、「自己是不是活得太久了？」的這些想法，不斷反覆緊抓住再次讓自己轉向那角落的憂鬱與自殺念頭。

「這樣活著到底有什麼意義呢？」

—腦科學家的話—

不問「為什麼」而是「怎麼做」

與其說憂鬱是某天突然襲來，不如說是像水滲在宣紙上，慢慢擴散開來那般；從某天突然發現自己一直有奇怪的想法、覺得不能再這樣下去開始。某瞬間，生活周遭所有事看起來都與自己的憂鬱有關，這憂鬱就像刻在自己的基因上。

要盡早找到人生的意義是很困難的，同時又擔心自己的憂鬱造成家人的負擔而感到內疚。即使自己身處的環境算是還不錯，但到了這地步看來，懷有憂鬱或自殺種子的命運，就像是天生的一般。

回顧至今為止的人生，感到自己往後變得幸福的可能性微乎其微，今後要在人生中找尋特別的意義，依舊很困難。

但這所有的思維模式都是典型的憂鬱症狀。相信憂鬱是天命、感到人生沒有任何意義、像是被困在沒有盡頭的隧道、對幸福人生的渴望。

這些憂鬱是會在大腦留下痕跡的。

根據一項以二〇二〇年為基準，已被全球研究者引用近一千六百次的二〇〇四年大腦影像綜合研究，其針對十二項研究中收集到的三百五十一名憂鬱患者資料進行分析，結果證實，負責記憶與處理情緒的兩側海馬迴（hippocampus）體積明顯變小。

更精確來說，分析結果顯示，憂鬱患者右側海馬迴體積縮小百分之十、左側縮小百分之八。也有研究發現，若母親確診患有憂鬱症，且無論遺傳因素或環境因素，被歸類為憂鬱症高危險族群的子女，其海馬迴體積也明顯較小。

尤其憂鬱患者的右側海馬迴體積，與生活中經歷的憂鬱事件個數具有相關性。過去已有多項研究證實了憂鬱越是復發，海馬迴體積越會縮小的模式。

這之後在二〇〇八年、二〇一一年、二〇一七年發表的其他綜合研究也多次證實，憂鬱障礙的患者不僅是海馬迴，杏仁核與前額葉（prefrontallobe）的體積也會變小。

探究其內容，杏仁核的體積越小（結構性異常），越可發現對情緒性刺激的過度反應模式（功能性異常）；這樣的結構性與功能性異常，在許多主要的憂鬱障礙綜合研究中都得到驗證。

研究結果也顯示，無論再怎麼樣附加上過去美好的記憶，以控制現在正在經歷的負面情緒，杏仁核的過度反應也幾乎不會平緩。這樣的現象在父母患有憂鬱症且可能反覆出現遺傳性憂鬱症狀的高危險族群子女們身上也能看到。

杏仁核體積較小的人們，表現出的問題行為中，值得關注的就是「社群媒體中毒」。

擁有對外部刺激會過度反應的杏仁核的人，會被社群媒體上能即時接收到的各式各樣刺激，輕易掠奪了心靈。而這樣的社群媒體使用行為，會再次導致憂鬱感急遽上升。因為透過社群媒體，會與看似狀態比自己好的人不斷向上社會比較（upward social comparison），進而感到自己很糟糕。

事實上，根據最近的綜合研究發現，憂鬱感與查看社群媒體的頻率或使用時間有關，但更重要的是，在社群媒體上進行社會比較的程度，與憂鬱感有更強烈的相關性。透過社群媒體，他人的生活看起來更加快樂、幸福、有價值也有意義。

在額頭裡面、位在額葉前部的前額葉，是憂鬱與自殺研究中經常提及的。不僅是憂鬱患者的前額葉體積會縮小，在曾試圖自殺的自殺高危險族群[30]身上，也有明顯的異常狀態。即使統計上移除憂鬱感此一變項，這區塊的體積縮小現象，仍是有自殺傾向的患者身上明顯的特徵。

前額葉掌管脈絡推論、控制不必要的行為、開始應當的行動、規劃未來等高等能力。當負責高層次認知功能的前額葉硬體（前額葉的體積）縮小的情況下，雖然更有效率，但選擇需要花更多時間下功夫才能解決問題的方法的可能性卻降低了；毫不考慮後果，只為了快點解決現況，而衝動選擇處理方法；拖延該做的事、暴飲暴食或試圖自殺等，這些都是代表性的處理方式。

憂鬱或試圖自殺在大腦留下的傷痕，從其他方面看來，可能是很難面對的事實。如果感到憂鬱，便開始思考自殺；若試圖自殺，可能會有「現在是不是無法挽回了？」、「是不是應該尋找能掩蓋這痕跡、重大的人生意義呢？」這樣的想法。

30 憂鬱的人曾企圖自殺的話，七人中有一人在一年內再次試圖自殺，十人中有一人五年內再次試圖自殺；也就是說，曾試圖自殺的人，被分類在再次自殺的高危險族群中。

但這問題無論如何，仍應該從科學領域的角度來看。尋找淡化痕跡的方法也是科學的領域，許多研究者都在探索增加前額葉、杏仁核與海馬迴的體積，或提高該區域活動性的主要因素。

這些主要因素如下：

- 規律運動
- 持續學習
- 服用抗憂鬱劑
- 以科學根據為基礎，接受正確的心理治療

以上都是大家知道的，對某些人而言可能也並不困難。但對長期處在憂鬱隧道的人而言，就像是羅列了一輩子也做不到的事一般。

對於承受著強烈無力感與絕望感的憂鬱人們來說，活著就像是陷入不知

道究竟有多深的黑暗中。當超乎現實般的恐懼感襲來，感覺像是被迫坐上自由落體，腳下踩著的踏板以驚人的速度墜落。

對無法區分現實與想法的人而言、對早上一睜開眼就想著「為什麼還沒死？」的人而言，在至少要幾週時間的努力才能看到若有似無渺茫成果的事情上，要拚死拚活賣力的過程是真的非常困難的。我也明白。

但儘管如此，還是必須努力。

請別去想「為什麼一定要做？這個人為什麼要我活著？」，更重要的是去問：「我該怎麼做？」

- 該怎麼有規律地運動？
- 想持續學習的話，該從何開始？
- 要服用抗憂鬱劑的話，應該先去哪種醫院？
- 要找誰、去哪裡進行心理治療？

如果憂鬱緊緊抓住我們的肩膀開始往下壓，那麼即使是單純或中立的事件，疑心也會讓我們一直仰著頭苦惱著「為什麼？」

「為什麼討厭我？」

「為什麼要活著？」

「為什麼還不能死？」

在此同時，憂鬱的片段不斷侵蝕著可用的大腦硬體，硬體功能也因此不斷下降，錯誤便更加頻繁出現。

沒有「為什麼」，只有去做而已。

雖然好像除了自己，其他人看起來都很有想法、過著有意義的生活，但事實並非如此。認為人生一定要很有意義的這種信念，與其說是對人生有幫助的功能性要素，不如說是受了傷、筋疲力盡的自戀所留下的症狀。

人生並不需要很有意義。活著本身就是意義，而你已經做到了。活著的父母、活著的朋友、活著的子女、活著的自己，這樣就足夠了。就這樣一天一天地活著，突然感到幸福的瞬間變頻繁了；慢慢地，也能為別人做點什麼。

如果說，隨著時間流逝所累積的日常就是意義，那就是吧。

但無論現在採取什麼方法，都必須要照顧支撐自己到現在、兩個拳頭大小般的了不起的大腦。運動、學習、心理治療、服用藥物[31]……等等，不管是什麼，只要有充分的科學根據，就盡量納為可用的選項。

花錢也很好。

我實際上常常半開玩笑地跟學生和諮商者說：「錢是最棒的，各位！」有錢的話，我們就可以欣然丟掉破洞的絲襪、開口笑的平底鞋，也可以換一下窗簾的設計、請朋友喝杯咖啡；會發現咖啡還有很多種風味、知道符合自己喜好的啤酒與冰淇淋，也會找到穿起來真的很舒服的鞋子，那樣我們才能走得更遠一點。

因此必須要記住，憂鬱確確實實會在大腦留下痕跡，但那痕跡也總有一天會變淡的。

沒必要刻意去意識痕跡的存在，而試圖找尋人生的意義。名聲或成就，又或是某個人，都不會是你人生的意義。

請只專注在「怎麼做」的問題上；
怎麼工作、怎麼玩、怎麼去愛。
我們過著沒有意義的人生，也很好。
不然還能怎樣呢？假如度過了有趣的一天，那很好；但如果沒有，那就算了。錢也多花一點。

我們還不到死的時候。

31 有時候有人會問：「就算接受心理治療或服用抗憂鬱劑，大腦構造或功能也沒有變化怎麼辦？」確實也有這種情況，因此最近有許多研究者利用機器學習（machine learning），根據患者個人大腦的特性，摸索可預測特殊治療的導入是否成功的方法。但遺憾的是，每當有相關的研究發表時，媒體上便會出現「憂鬱的大腦」、「自殺遺傳基因」這類批判性與刺激性字眼。科學不是用來判斷大腦的憂鬱命運的，只是努力針對不適用特殊治療的機率，要盡快做決策並探討替代方案而已。為了讓想擺脫長久以來的痛苦，而終於邁出一步尋求專業協助的人，盡可能接觸到最有效的治療方法，而廣泛利用目前為止的相關研究。

你的憂鬱是哪一種？

——臨床心理學家的話——

「有意義的生活」或「幸福人生」的框架使我們情緒疲勞。「你的人生有什麼意義嗎？」、「你幸福嗎？」之類的問題，讓原本過得好好的我們，突然變得不快樂。

本來過得好好的，但突然好像生活要有意義才行；開始焦躁自己其實不幸福，但為什麼自己不努力；甚至因為家人仍過得不快樂，自己幸福也沒關係嗎的想法，產生了罪惡感。

研究證實，憂鬱的人的時間過得比較慢，甚至感覺像是停滯一樣，因此很害怕毫無意義的時間會一輩子都流逝得這麼慢；這也導致對死亡的想法。

這種時候，我們應該採取什麼心態呢？

最近的治療趨勢並不是「必須面對憂鬱，堂堂正正對抗！」而是近似「喔，來啦？」

並不是歡迎憂鬱的意思，哪有這麼沒用的精神勝利啊。憂鬱無法成為值得歡迎的存在，可以的話，最好不要經歷到。然而，必須要告訴憂鬱：「我認識你。」

無論是工作或感情失敗，無關乎自己的意志，而是因為天生的氣質特性，憂鬱於是找上門了。每當那樣的時候，以「喔，來啦？」的心態接受與承認它，讓自己準備好以主體性房東模式來迎接憂鬱，而不是把自己當作憂鬱的被害者。

是的，憂鬱也會找上你的。

迎接憂鬱的同時，你應該一併深究以下兩點：

● 探索憂鬱的原因
● 尋找讓自己心情變好的事物

慢慢努力觀察憂鬱這件事本身，就是處理憂鬱的技巧。可以將憂鬱變得更像個樣子、更小、更弱、更不尖銳、更不令人慌張。

讓我們試想看看，那些讓你憂鬱沮喪的問題，是慢性還是急性的？是清楚的還是模糊的？是先天性的，還是令人挫折的環境問題？

憂鬱如何找上你也是很重要的問題。「為什麼憂鬱偏偏現在找上我？」「憂鬱為什麼離不開我？」

「就算真的發生了可能感到憂鬱的事，我為什麼放任憂鬱隨便對待我？」
「我為什麼執著於有意義的人生、幸福的人生呢？」
必須拋出這些問題，來面對憂鬱的原因與真實樣貌。
因為在你不想正視問題而迴避或壓抑的同時，本來在門口猶豫徘徊的憂鬱已爬上你的床。

此外，這樣的努力雖然痛苦，但不受歡迎的客人——憂鬱，直到可以「自己知道該來的時候再來、不該來的時候識相地走開」以前，必須不斷持續。
如果能比較清楚掌握原因並面對它，停止基於慣性的內心習慣之處便清晰可見。

「不是的，現在可能會感到憂鬱，但也不是一定要憂鬱。」
「不是的，我雖然有想死的念頭，但不是一定要現在死。」
「這是心裡的習慣所為，內心假裝成本意所做的事。」

但如果在此主題上鑽牛角尖太久，反而可能變得更加憂鬱；因此必須在短時間內，集中且果斷地探索前述問題的答案。

尤其是憂鬱的人，某天會突然想：「哦？我怎麼過得不錯？我為什麼在笑？我為什麼在期待明天？」而有罪惡感，並覺得自己的憂鬱彷彿是假象。事實上自己並沒有那麼憂鬱，只是想得到他人的支持與關心，或是為了逃避義務或批評，於是籠罩在是不是把憂鬱當藉口的自我懷疑中。

問題在於，專注在應該如何憂鬱才是真正憂鬱的同時，將陷入更深的憂鬱之中。但懷疑憂鬱的真實性亦是憂鬱的症狀之一。

分辨自己的憂鬱是真是假的想法，與將「怎麼活下去？」轉換為「為什麼活著？」有很大的關聯性。

集中於「怎麼做」的問題時，生活可以稍微變得有趣，也能遠離想死的念頭。但是，當再次執著於「為什麼」必須活著的瞬間，我們開始覺得人生好像非得要有什麼意義才行，且覺得過得還不錯的自己很討厭與虛偽。

「過著不幸福、沒價值的人生，真是微不足道、悲慘以及非常糟糕。」

我最常被很熟悉這種想法的人們問到這個問題：

「我真的不知道我為什麼一定要活著？對心理師而言也沒有任何意義不是嗎？」

每當這種時候，我會這樣回答：

「人生的意義有那麼重要嗎？我也是每天一邊收拾殘局一邊過日子的。」

就算有什麼對自己有意義的事，那也不是結果。所有一切都是過程，活下來的過程，向自己與他人學習的過程，自己和他人一起經歷的過程，那所有一切都是人生的意義。

對憂鬱的人而言，什麼樣的成果能帶來幸福感與價值感呢？很難說。

我們從小就習慣了「好事多磨」的文化背景，所以會對過分的幸運感、微弱的希望與喜悅突然感到害怕[32]。只不過是單純為一件好事開心，就擔心好像會發生什麼大事；準備應對尚未到來、或許永遠也不會到來的悲劇，同時打破暫時感到幸福的內心，再次陷入不安與焦躁之中。

然而，想馬上從人生中了解到某種意義，或是尋找能為人生帶來意義的東西，只會漸漸為自己帶來更重的負擔。

同時也要努力準備符合自己憂鬱樣貌的容器才行。可惜的是，許多人每天被念書、準備考試、職場生活或育兒纏身，很難確保物理性時間或專業技巧，因此無法獲得機會來面對與接納自己的問題。

現在讓我們這樣試試看吧。

如果某天突然覺得自己人生的意義很小，堆成山一般的憂鬱、不安與擔憂襲來而動搖內心的話，那麼告訴自己：「喔，來啦？知道了；我獨自迎接你會有點困難，所以先等一下。」先冷靜面對自己的問題，接著根據所需，找出在某處等著自己的同事。

諮詢心理治療專家應該也很有幫助，經歷過類似問題的人彼此扶持的自助（self-help）聚會也值得一試。必要的話，真心建議根據醫師的處方，服用抗憂鬱劑、抗焦慮劑、情緒穩定劑。

但是，在書店以煞有其事的書名登上暢銷排行的自我啟發書籍，在憂鬱發生之後的階段是毫無幫助的。如研究結果所示，憂鬱的人們閱讀自我啟發書籍或自我心理治療手冊的話，症狀只會更加惡化。

32 一九二四年發表的小說《運氣好的日子》裡的最後一句台詞：「今天運氣好得奇怪……」非出於作者本意地，對高度不安的人們造成了許多負面影響。

因為陷入「那個人狀況比我嚴重，但為什麼我就是不行？」這樣的自我挫敗想法中，或是投入太多認知與情緒的精力在「我一定要變這樣那樣！」沒有意義的幻想上，反而在實際解決問題與應該要取得成就的情況時，已經疲憊不堪。

降低憂鬱之餘，請持續摸索有效讓自己心情好的方法。特別是雖然傳統的心理治療或抗憂鬱藥物能降低憂鬱等負面情緒，但並不是負面情緒消失，正面情緒就會自動出現，因此這部分需要交給自己。只要不感到疲憊，持續為自己創造好事，或是不想錯過美好瞬間的態度就已經足夠了。

今天煮得特別好的咖啡，
設計很可愛的咖啡廳餐巾紙，

符合我口味的好喝啤酒，
和啤酒很搭的熱騰騰鳳梨披薩，
為今天剛好絲毫不差到達的公車還有電梯感到開心就夠了。

事實上，咖啡可以降低憂鬱的風險以及延長壽命。有關咖啡之於憂鬱的效果，在一項以兩萬多位女性為對象，進行長達十年的追蹤調查，以及一項對兩千多名男性進行的研究中都有相關發現。二〇一八年的一份大規模的研究結果顯示，關於該研究中觀察的所有疾病的死亡率，咖啡是主要的保護因素。

泡熱水澡也是很棒的。比起簡單的淋浴，泡澡可以降低壓力、緊張、焦慮、孤獨感、憤怒與憂鬱，並帶來安心感。

溫暖的肢體接觸也是好的。搓揉或緊抱等與他人的肌膚接觸，對個人心理健康產生的影響廣泛地被驗證。特別是也有證據顯示，領養寵物可以提高對治療反應下降的憂鬱患者的抗憂鬱藥物效果。也有研究發現，十二歲以前與寵物犬一起生活的人，思覺失調症的發病率顯著下降[33]。

寫感謝日記對幸福感也是有幫助的，但必須是每隔一週寫一次的程度，如果每天寫的話，反而淪於形式而降低效果。

比起收到禮物，送禮物時感受到的幸福感是更高的。如果還是需要照顧自己的狀態，那麼先空出位置給自己；當有環顧四周的餘裕時，也請照顧身邊的人。

糖果或是甜食可以暫時讓心情變好，但是長期下來會提高憤怒感，因此請適量。

還是不喜歡運動對吧？沒關係，之後慢慢嘗試就可以了，因為我們還會繼續活著。

請照顧你自己吧，不管做什麼都好。
沒事的，可以享受生活，也可以過得有趣的。
希望你可以成為對你自己再好一點的主人。

33 針對三百九十六位思覺失調症患者、三百八十一位躁鬱症患者以及五百九十四位對照組的一份研究結果顯示，寵物犬無法降低躁鬱症的發病風險，寵物貓則無法降低此兩項精神疾病的發病率。
然而，這無法被描述成特定動物的「用途」，因為狗與貓本身就足夠了。

今天的功課

試試為有意義的人生做不同的定義。
此外，如果你感到憂鬱的話，把你推測的原因寫在紙上，並小聲地唸出來。

Part

5

不要隨便亂說你自己

希望不是「好像有好事即將發生的感覺」，而是「儘管在倒楣與不合理的情況下，自己仍然努力著，因而感受到的價值」。雖然我們會因為成功機率很低而說放棄希望，但這是錯的。就心理學而言，不以機率來判定希望。

只有今天的行為，才能定義我的希望。

樂觀主義與希望之間

—現在，我們的故事—

來談談臨床心理學家[34]們吧。

臨床心理學家們對樂觀主義懷有帶著警戒的特殊傾向。因此，就算是說空話也好，也無法隨意說出「會沒事的」這種話。

有些問題並不是靠著以樂觀主義來看待就能解決，況且諮商者已經將那種話視為欺騙。好不容易痛苦地吐露充滿不安與擔憂的事，但如果對方卻沒頭沒腦地安慰說：「會沒事的」，只會覺得這些空虛的話語就像是想要結束對話。

這個職業與其他職業最大差別在於，幾乎每天重複且壓縮地經歷著他人極端光譜般的生活：智能障礙者，與天生的天才；自殺倖存者，與毫無罪惡感拿別人的錢來用的吹牛大王；對死亡充滿恐懼的八歲兒童，與因為還沒死而痛苦的八十歲老人家。

因此，開始這份工作的初期，每次面談完一位又一位的諮商者後，總是筋疲力盡。必須馬上將剛談完的諮商者故事，收進心裡一角的抽屜裡，瞬間再次專注在眼前這位諮商者身上的這種壓迫感，讓神經很緊繃。除此之外，一直暴露在心理痛苦之下，不但身體會感到疲憊，內心也會早衰的。

最終，有些心理師隨著年假增加，也迎來了犬儒主義的時期[35]。雖然工作本身也很辛苦，但如果像調查官一樣探究諮商者所處的情況，很難不感到幻

34 這裡指的是於韓國臨床心理學會參與研修與資格考試的韓國心理學會臨床心理專家、衛生福利部精神健康臨床心理師。（提供參考，以二〇二〇年為基準，韓國國內諮商相關的民間資格證照有六千種。）

35 不善於調節情緒的我，與我的同事們，是不禁會讓人想：「如果犬儒主義是人類的話，就會長那樣嗎？」的程度；但並非大家都如此，也有一開始就能熟練地調整距離的人。

滅。父母為什麼那樣放著小孩不管；這個人做了什麼，竟開始喝酒折磨家人；這家人目前為止到底接受了什麼樣的治療，情況竟然發展到這地步；這位學生為什麼明明沒做錯事，卻想結束自己的生命；複雜的悲傷與憤怒也纏繞在心理師們身上。

幸好，隨著時間流逝，犬儒會降低的。

「儘管如此」，還是會迎來可以接受人生就是這樣持續下去的時刻。孩子會成長到可以對抗父母的程度，談起過去的話，不會再流淚，創傷性的記憶會被其他記憶取代或減弱，第一次表達想「像別人一樣」活著的時刻，某瞬間就會到來。

到那時候，心理治療的新手們會意識到，試圖想保護自己的犬儒主義，對眼前的諮商者而言是怠慢且無禮的。於是，心理師開始與諮商者一起在相當實際的層面觀察希望。對諮商者的經歷毫無對策地憤怒的情況也變得平靜，也不會和諮商者一起祈禱他懇切盼望魔法般的救贖。

現在，好好正視個人不幸的經歷，儘管如此也要加把勁，開始努力找出現在對這個人、這個家庭來說，需要的是什麼。

當心理師與諮商者可以一起非樂觀也非悲觀地看待現在與未來時，治療將有快速的進展。如此一來，他也將從諮商者，成長轉變為自己的治療者；當他意識到，有禮且勤奮地對待自己人生的人，必須先是從自己開始。

沒有退縮的方法，正視自己的問題，添加一個一個可以應對情況的心靈武器，並迎接同事或心理師等可以與自己並肩作戰的戰友，我們也可以漸漸擁抱希望。

這樣經過一段時間後，感覺心情可以漸漸穩定下來，可以再次愛人，或許可以成為更強悍的人，且就算並非如此，自己的努力也已經很好了，也就是可以再繼續嘗試的「希望（hope）」。

希望一詞，很容易造成誤會；看起來很空虛，也很輕盈。

然而，就心理學而言，所謂希望的概念是相當有重量的。意指沒有希望的狀態的無望感，也是預測自殺的強烈危險因素。

有思考過自己什麼時候會使用希望一詞嗎？希望並不是被用在可以輕易解決的問題上的用語。對菜單意見分歧，或是想穿的衣服還沒乾，又或是手機快沒電的時候，我們並不會說沒有希望，或說看見了希望。

比起如此，希望通常是在個人很難控制的情況下（situations with low levels of personal control）被經歷到的。地震或大流行病，以及自己無法承受的心理痛苦像災難般來臨時，才會經歷到的特殊認知與情緒狀態，即為「希望」。

有趣的是，在不可能控制的狀況下感受到希望的人們，認為實現希望的可能性只有一半。也就是說，並不是因為認為那件事真的會實現，才感受到希望。

事實上，感受到希望的核心因素，是個人的主體性（personal agency）。當對自己的人生感到惋惜與懊悔，因此想讓自己吃好、睡好、穿好時，以及下定決心要找出解決眼前問題的最佳方法時，瞬間產生陌生又心癢癢的期待，那就是希望。換句話說，希望不是「好像有好事即將發生的感覺」，而是「儘管在倒楣與不合理的情況下，自己仍然努力著，因而感受到的價值」。

雖然我們會因為成功機率很低而說放棄希望，但這是錯的。就心理學而言，不以機率來判定希望。

只有今天的行為，才能定義我的希望。

希望與「樂觀主義（optimism）」不同；樂觀主義才真的是太樂觀。與希望不同，樂觀主義是以「這個可以！」這樣的思維，給予可行性相當高的評價。

可能會想「憑什麼那麼堅信」，而事實上這個「憑什麼那麼堅信」的訊號，就是樂觀主義與希望之間最大的差異。樂觀主義的觀點認為，不是自己而是其他人，或是比自己還強大的力量，會解決此狀況。比起自己，更相信絕對存在、長輩、導師，或是閃電般的運氣，認為他們會為自己帶來好的結果，並且機率很高。

雖然多虧了樂觀主義的觀點，暫時心情會不錯，應該算是件好事，但問題不在此。陷入樂觀主義式的白日夢時間，不過是學習無力感的時間而已。減少付出實際努力的能量，對自己的評價變得更加嚴苛，因此留在手上的成果也很少。

舉例而言，一項針對經常具體回想自己大獲成功的模樣等樂觀想像的人們，所進行的追蹤調查結果顯示，他們的求職行動本身就不積極，職業上的成就也較低，年薪也較少。此外，在其他研究中，對術後恢復抱持過度樂觀主義的患者，反而恢復更慢。這是因為樂觀主義的盲目，認為已經用盡心力了，而試圖迴避實質的努力。

要求自認為自尊較低的人喊出：「我是厲害的，我是特別的！」使他們提高自尊，反而自尊變更低的研究結果也相當令人印象深刻。許多研究者皆警告，以毫無根據的樂觀主義念著自己的咒語，反而降低了成功或成熟的機會；因為要是事情出了問題，會帶來更大的衝擊。

「一輩子都不想成為大人」的這種玩笑話，也應該適可而止了。還有比這更不成熟的逃避方法嗎？擁有大人的腦袋、大人的臉孔，也經歷了大人的經驗，現在是在說什麼呢……！

請不要陷入強調孩子的純潔的隱喻中，而把大人視為崩壞的存在、停留在過去的存在、對未來戰戰兢兢的存在。已是大人的你，是儘管在那麼多的創傷性經驗與挫折之下，仍為了生存而努力、應該受到尊重的今日生存者。

你可以既是大人，又純真快樂；你可以既是大人，又單純地愛著。也就是說，儘管世界冷漠與殘忍，但為仍然努力維持日常固定程序的自己感到欣慰，於是以大人的方式，在深夜打開一罐啤酒，然後突然想到給最近也很辛苦的朋友送張星巴克優惠券。

請遠離那些嘲笑別人以真摯表情試圖尋找實際對策的氛圍；為自己的人生負責時所體驗到的希望的重量，並不是其他人可以輕視的。

我們必須一天比一天更像個大人。

我希望你能寬容地看待你的行為所創造出的希望，並過著「自己知道如何克服」無力感與倦怠的大人生活。

希望你不要以白日夢與樂觀主義暫時刺激大腦內的快樂迴路，努力假裝看不到現在的問題並開始拖延（procrastination），而再次陷入羞愧感的惡性循環。

又或者相反地，如果對自己總是忘記過去且竟敢擁抱希望的模樣感到不悅與害怕，於是內心的鐘擺又再次習慣性地激烈擺盪；如果因此無謂地把重心放在關於自己與未來的悲觀看法上的話，希望你現在可以停止那樣的自我虐待了。

哪天突然心想：「或許我……？」請認同這陌生的情緒，讓懷抱著的人生希望可以停留在心中。就讓希望隨心所欲吧。那希望是多虧了我們每天受苦過著日子，而自然而然產生的希望。

請停止讓人失去行動力的犬儒主義與樂觀主義。保護我們的人生，並使我們的明天變得珍貴的，是我們所創造出來的實際希望。

不是虛幻的樂觀主義，而是有重量的希望，
它告訴你，你可以笑、可以享受、可以去愛、可以放輕鬆，
它正在拓展你的世界。

能贏的戰鬥

——現在，我們的故事——

有些事是無法改變的。

原生家庭可憎的個性、和某個人的關係、為了維持現在的生活就必須遵循的外在要求、有精神疾病的家人拒絕治療。

在心理治療的場合遇到的許多人中，有些人相信可以改變無法改變的事，因此長期傾注心力後，卻感到消耗殆盡與悲傷。雖然當某天回頭看，會發現很明確是絕對無法改變的，但錯覺從四面八方展開，讓自己仍持續費力著。

那個人表現得好像他會改變、我以為我在他人生中是重要的、我以為他在我人生中是重要的，且相信我有能力改變他。

然而，雖然他表現得好像會改變，但他一開始根本沒有要改變的想法；對他來說雖然我是重要的，但他是不會安排人生重要優先順序的人；

> 雖然我知道他對我來說是重要的，但我也沒有非他不可；
> 雖然我有能力改變他，但事實上，優先分配力量來改變自己是更有效率且健康的方法。

自己可以改變與控制情況的信念，是誰都可能陷入的錯誤想法。無法戰勝的戰鬥進行幾個月、幾年下來，於是開始懷疑無法克服這停滯狀態的自我價值。就算實際上沒有價值的並不是自己，但無法察覺他人與環境頑強的固執，反而怪罪自己，重複著沒有收穫的努力。

諮商過程中建立起良好的信任關係，也就是投契關係（rapport）時，有時候會對諮商者這麼說：「像狐狸一樣戰鬥吧，不要像熊一樣；請先進行能贏的鬥爭。」[36]

也不需要更具體的說明了，他心裡已經很清楚只是還不知道方法而已，還是不懂我在說什麼。

由於隨著不同的問題與對象，機智戰鬥的方法也不同，因此這本書現在無法提供具體的方案。然而，無論是什麼樣的戰鬥，最先應該思考的是，預測這場戰鬥會朝哪個方向、如何發展。光是預測幾分鐘之後的事，就能讓我們提前幾步掌握局勢。

獲勝也要看運氣，因此很難事先了解是否是贏得了的戰鬥。相反地，就目前狀況來分辨「絕對贏不了」的戰鬥，則是相對簡單的。

「真的試過許多方法了，但現在再想想的話，可以改變對方的可能性大

36 如果是有損自己尊嚴的不道德問題，就無需判斷是否為贏得了的鬥爭，請直接報警。不需國碼，請撥 112 或 1366（女性緊急通話）。

概多少？先專注在贏得了的戰鬥固然很好，那麼現在這時間點，那確實是能贏的戰鬥嗎？由我們來選擇可以贏的時刻怎麼樣呢？」

光是這些問題，諮商者臉上就瞬間閃過相當多的情緒；不打算看到的故事結局被揭露出來的瞬間。

當然，生活中也不是每次都能只選擇贏得了的戰鬥；然而，如果是內心力量不足的時候，就有必要以當下可行的戰略來度過。

反正隨著有了需要保護的人（那人可能是自己），以及內心變得適度堅強與柔軟時，就算是會輸的戰鬥，我們勢必也會自然地、心甘情願地參戰。而在那之前，我們必須先明白什麼時候需要撤退。

再次強調，運氣也有站在你這邊的時候，雖然不如所期望的那麼多，但擺脫過去事件而獲得自由的機會肯定會來的。希望你現在不要站在就算不繼續走下去也沒關係的路上感到悲傷與自責。我們不是沒努力過，那是環境還沒準備好，也可能永遠都不會準備好。

那是我們的錯嗎？

我覺得你的那些時間很可惜。

停留在可預見結果的戰鬥中，並想在結束時確認結果的人們，希望你們可以先明白這是因為心裡產生的錯覺所致。

當無法完成一件事時，內心的能量就會留在那個地方。考試進行一段時間後突然回收考卷當作未完成的功課，在這樣的情況下，考試題目被記得特別清楚的「蔡氏現象（Zeigarnik effect）」也得到研究證實。

因此，我們對無法完成的事所感到的不悅，使我們總是回到以前失敗的經驗。再次回到那個地方，重複相同的戰鬥而受傷。然而，就算我們投入的努力是不變的常數[37]，他人的經歷與動態卻是非常大的變數。希望你可以記住，對每個人而言，人際關係中都留下了無數的未完待續。雖然封閉式結局是最好的，但以機率來看，開放式結局的可能性是最高的，也最常見的。你不必非得要親自結束那件事。

也有人懷著試圖成為別人人生救援者的動機；帶著自己的善意，持續沒有實際效果地接觸還沒有準備好的人。然而，如果無法盡快承認想影響與控制他人人生的野心，並給予額葉力量以阻止這一切的話，個人的挫敗感與憤怒只會加深，或者多半會擁有「邪教教主」心態。

萬一心理學系的大學生或研習臨床心理課程的人，表露出這樣的心情的話，那麼指導教授或監督教授（supervisor）便扮演了盡快掌握這位初學者的動態，並加以修正的角色。到那時候，這位初學者才能在現實的標準上，決定必須為自己與他人做的事的優先順序。

在贏不了的戰鬥上持續投注心力的另一個理由是：「過去這段時間的努

力太可惜了。」因為隨著無法回收的投資費用、努力與時間，內心的沉沒成本（sunk cost）已經非常高了。

無法承認那段時間自己的犧牲與嘗試所換來的失敗，持續投入更多的心理費用，這種沉沒成本的錯誤是非常強烈的。應該要以其他方式照顧自己時，消耗戰卻不斷上演。更何況，如果是只遭遇過「被停損」，但不曾認賠殺出主動停損的人，他沒有脫手出場這個行為選項。

然而，機智的放棄，是最佳化我們心靈功能非常重要的美德。

如果無法判斷現在的挑戰是否該繼續下去的話，

(1)即使回到那個時候，也無法再更努力了

37 其實我們的努力也不會是常數。絕對不要高估了人類的意志，禮拜一與禮拜六不同，早上九點與晚上九點也不同。

(2) 成果與改變微乎其微

(3) 事實上並不是非要走這條路不可

上述三階段過濾的回答若都是「是」的話，請頭也不回地放棄吧。不是那條路。

如果計畫好的努力時間都用完了，請拍拍雙手宣布自己的任務已完成。在那樣的狀態下，可能是休戰，也可能是停戰。如果需要的話，剩下的戰鬥就交給外部合適的專家，或偶爾委託給最佳對手，然後收拾自己的心離開吧。你漸漸就會明白，你的能量若用在別的地方會發揮得更好，所以請暫時先保留著。

事實上，當奮鬥時間變長、頹勢加劇時，令人擔憂的是「孤獨」。固然孤獨本身就足以令人擔心，但孤獨可能會使不利的鬥爭再次變得更加不利，必須注意。

芝加哥大學心理學教授約翰・卡喬波（John Cacioppo）追蹤長達十年的研究顯示，孤獨會使焦點擺在自己絕大部分生活上的自我中心思考增加（self-centeredness，對自己想很多。）其後，自我中心思考再對孤獨產生影響，兩者相互強化。

然而，假如別人也像自己一樣，不理解我們是以自己的動態、動機、經歷為基礎，做出各自的系統化決策的高智慧生命體，那麼只會加重痛苦與鬱悶，很容易徒勞無功。

雖然很令人驚訝，但他也是會「思考」的，只是和自己的邏輯不同而已。

我不是他，
也不是他的一部分，

只是他所處環境中的一分子而已。

但如果無法接受「他所處環境中一分子的自己」，而投入聚焦於「唯我」的自我中心思考的話，考慮當前狀況的實際判斷能力勢必會下降，因為敏捷掌握局勢所需要用到的社會技能與心理資源，是向著自己的。

甚至，面對不利的局勢，戰略上應該要撤退的，卻無法放棄以自我為中心的過時「地心說」。

為了機智的戰鬥，是需要自我客觀話的時候了。以他人的眼光來看待自己的情況時，才有可能冷靜地預測。到那時候，才能實際地選擇反擊的良辰吉時，也能發現改變風向的意外轉折點。

更何況，如果太投入於特定關係中，或是被孤獨給壓倒，而過度評價這些事的重要性，那麼透過客觀化便會明白，贏了現在的這場戰鬥，對自己的人生來說並沒有那麼了不起的價值。

放眼自己周圍半徑一公尺荒野般的戰場，再往旁邊一點看的話會發現，無論現實生活中或網路上，有人正等著和你一起分享情緒、安慰與連結。拿著辣炒年糕，拿著季節限定的冰淇淋，拿著有關新影集話題、平淡無奇的人們。

你實際上熬過了辛苦的時間。

但你的過去已經沒什麼力量足以決定你的未來。

如果現在再次遇到曾經如同地獄般的情況，以及曾經完全贏不了的人，你會做何反應呢？會重複過去的應對方式嗎？

不會的，我可以很果斷地這麼說。

那些人、那些事，對自己而言，力量已經不如當初了；你已經不在那個位置上。說不定已經站在比那件事發生的位置還高的地方，或是站在徹底改變局勢所創造的新地圖上。因為已下定決心要那麼做了。

持續學習關於自己與你的優缺點，以及讓自己感到幸福之處的同時，你已經比那時候成長了許多。一路以來，學會了自尊或心理成熟度高的人會如何處理應對。現在除了你以外，沒有人可以傷害你自己；你已經改變了，可以保護自己。

總有一天時間流逝，你真的認為值得一戰的時候，你想好好看看故事結局的話，

好的，那我也支持你。

但請不要為了戰鬥，執意往下到對方所站的地方；你和他的位置已經不同了。

你早就開始觀察了。

優雅地失敗

—現在，我們的故事—

有聽過「從容退化（graceful degradation）」一詞嗎？是指當系統發生重大損壞，或輸入不當的新資訊時，防止整體系統無法正常運作，使目前為止訓練的網絡功能還可以維持的意思。我經常在課堂上談到人類的資訊處理能力時，說明此概念。

打開像是PowerPoint之類的電腦程式舊版檔案時，雖然有些功能不能操作，但依舊可以讀寫檔案。同樣地，人類隨著老化，各處大腦機能下降，但仍舊可適當扮演好自己的角色。

我們未來會持續經歷失敗的。在工作的過程中，在開始一段關係然後維持的過程中，內心會經歷大大小小的傷害。

每當那樣的時候，希望你記得從容退化、優雅失敗。因此希望你將逐漸提升的恢復力當作資源，在遭遇失敗時，給自己保持距離思考的時間，想想自己想成為什麼樣的人。

成功的時候表現得像個孩子也沒關係，但失敗的時候，希望你可以更加成熟與優雅。我們的大腦會慢慢變得成熟，從出生起就具備了這樣的天生資源。

在這樣的意義上，我想再囉嗦地補充三點。

第一，就算是因為頻繁的失敗而經歷慢性無力感與空虛感的時候，你也必須起身「做點什麼」。

你內心裡「我是得不到愛、失敗又沒用的人」的框架，毫無明確根據或具體性，隨便定義了你自己。

然而，

「我真的是讓大家不悅的存在嗎？」

「我真的沒有活下去的理由嗎？」

「我一直以來都很不幸嗎？」

「真的所有事都失敗了嗎？」

拋出這些問題後會發現，過去習慣性過度概括與小題大作的籠統世界，與自己的實際事件之間出現了裂痕。

並沒有到那樣的程度。

「小確幸」這個詞出現的時候，我一方面有點擔心，似乎相對於「微小而確實的幸福」，存在著非常理想的幸福，反而有大家輕視自己所擁有的幸福的趨勢。

但其實幸福本來就是這樣的。

微小的。

獨自感到小小幸福的時光。

某個瞬間，那些時光被塞進腦中一個狹窄的房間裡，伴隨著「我現在不能感到幸福」的咒語關上門後，微小幸福的細節可能就從自己自傳式的記憶中消失了。

大腦與心靈一起創造的「我是不能因為這樣的事就感到幸福的人」之類的框架，或許因為不具有實體，所以為了持續這不幸且模糊的輪廓，不斷消耗心理能量。停留在現在——這裡，能意識到一時的沉醉感與幸福感的主動注意力與活力，也隨之降低。

反覆咀嚼已經過去的事，並思考著：「像一直以來的那樣，我很快就會掉進不幸的深淵，所以如果真的好運降臨，那時就放下心吧。」久而久之，視野會漸漸變得狹窄，給自己更大壓力。

不是那樣的。

就像前面說過的，要抱持著「還要我怎樣」的心態生活。

請一邊說：「我已經盡我一切所能了，還要我怎樣。」一邊收拾整理記憶與思考。失敗後，請不要放任自己隨著心情漂流。告訴自己「做點什麼吧。」並想像有人拉起自己的頭髮，果斷地讓自己站起來，是更優雅的。

當不見底的不安與憂鬱再次注視著你時，就算是從嘴巴唸出聲也好，你必須終結那瞬間。

「做點什麼吧。」

你的話語，會讓大腦開始做準備。只有持續不斷的習慣能走出你的路。

第二，期待也沒關係。

期待與失望反覆上演的經驗當然很痛苦。如果能夠學會在任何情況都不失望的方法固然很好，但我們大部分人在期待落空時，必然是會失望的。

需要注意的是，誇張且長期的失望。為了展示給他人看的表面性失望，以及為了隱藏無法盡全力的欺騙性失望，會扭曲了你的性格結構。就算是自己尷尬笑笑就過去的事，也試圖做多餘的辯解，或是一直跟別人說，要是當時成功的話，自己就可以享受些什麼。

因為你越是失望，就越不想期待。然而，仔細想想，不期待的話，就真的不會失望了嗎？期待與失望也許事實上是個別的兩件事。

請不要努力不期待。

你的期待從來就不是罪；你只不過是單純地期待而已。期待成真的信念，有時候是毫無理由、運氣很好地實現了；也有時候只是毫無理由地落空。

期待沒有罪，你也沒有罪。

只是情況如此而已。

為你帶來不幸的事件，很多時候與你的努力或期待無關，而是受運氣與情況所影響。

不是因為你不夠努力。你做到了。扶起無數次崩潰的心，無論如何也要堅持到底；你全部都知道的。

只是運氣不好而已。

如果你是主角的話固然很棒，但世上並沒有「非我不可的事」，這也是事實。就算沒有那些刻意創造出來的價值，你和我也已經夠好了。

請期待吧。

明天的天氣、等一下的午餐菜單、

久違的市區外出、將上映的電影與新的影集。

雖然可能會再次失望，但從失敗重新振作起來的力量，便是來自於不厭倦的期待。

即使今天午餐吃的雞蛋三明治很不怎麼樣，晚上要吃的牛肉蓋飯也可能很不錯。

即使這次的成果不盡理想，但說不定明天要去看的電影會很有趣。

我們的興趣是「期待」。

就算失望一百次。

最後，不要責怪或逃避自己的依賴性，希望你能溫柔地接受它。

得益於豐富的文化環境、認知資源、較高的社會經濟狀態，我們擁有學習獨立性的機會，也有過著獨立生活的人。也許會羨慕吧。然而，我們之所以沒有那種幸運，只是因為各種偶然的重疊而已，並不是我們的錯。

雖然要是沒有依賴與脆弱，以及情感上的弱點與個人缺陷那就好了，但有也沒關係。這並不是失敗，怎麼會是失敗呢，我們已經學過了不是嗎？我們大部分的人本來就擁有依賴且社交性的大腦。我們漸漸會自在且自然地看待這些自己的碎片，並把它們當作自己的一部分。

不需要因為自己的不適當感或依賴而獨自感到羞愧，進而推開他人。反正隨著時間流逝，會離開的人終究會離開，而會留下來的人，就會親切地留在你身邊。

在那期間，我們會漸漸明白獨立的生活是什麼，並有所成長。因此，和人見面就見，不見面就不見面，自然地接受就可以了。

如前面也說過的，不用繃緊神經也沒關係。

努力但不要費力。

知道但不要在意。

舒適地認識自己與生俱來的依賴性，並且可以充分理解它的類型與方向時，我們才能找到可以漸漸提升獨立性比例（相對於依賴性）的特有且有效的方法。

這時如果談戀愛的話，不單單是你和他在一起的時候，必須要檢查是否即使獨自一人也能感到幸福。決定談戀愛、同居或結婚時，你必須是獨自也能過得很開心的人。如果是在孤單的時候決定陪伴，那便會開始一段產生奇怪動態的病態關係。

最理想的戀愛與婚姻，是每分每秒由分離（獨立）與結合（依賴）靈活組成的關係。更何況，夫妻從育兒問題、雙方家庭問題、經濟問題，到健康問題都糾纏在一起，很容易瞬間就變成病態的結合體。

請不要靠他人來填滿你人生的一半。

無論那個人是誰。

未來會持續失敗的。

所以，我想告訴各位，別說悲喜交加了，連「悲悲交加」都沒有必要。不要每次都以挫敗來回應所有的失敗。溫柔地離開沒必要做的事、想法與信念，並且不要把你的人生推向黑白邏輯，以非黑即白來定義。希望你在必須要做的事情上，盡全力讓你與你身邊的人們不要感到不幸，但在那之後，就交給命運的時間吧。

要知道，有時候無論有多痛，無關乎自己的意志或願望，不能成的事情終究不會成，但那不是你的錯，你也不是造成別人極大麻煩的人。希望你能擺脫為了偽裝變低的外顯自尊而離奇放大的自我意識所打造的世界，慢慢重獲自由。

不是你的錯。

希望你明白，即使感覺墜入無限的失敗當中，那種感受也無法貿然定義你的任何一面。

現在你是你自己的監護人，你自己的負責人，一人家庭的家長。

你現在要過你自己的人生。

同時和那些灌輸式地貶低你價值的負面的人或環境，優雅地保持距離。

沒有地方是需要你遺棄你的品格的。

我也還不了解我自己

一現在，我們的故事一

我們還不了解我們自己。

我們仍舊不清楚，在經過數十年所累積的潛意識——前意識——意識的結構之間，隱藏著什麼樣的記憶與情感。

因此，希望你不要隨便說你自己。

不要對每件事情附加意義，恣意地建構自己的樣貌。

不要試圖順從任何外界的期待。

為了過著你所盼望的生活，

早上起床後，至少一天好好吃兩頓飯，

至少有一個興趣，

簡單地喜愛工作與他人，這樣努力著就足夠了。

沒有必要完美，沒有義務要頑強地堅持或被操控到斷裂為止，不要堅定地扮演那樣的角色。

你所擁有的心理問題本身，並不代表你是個失敗者，不代表你是不值得被愛的存在，也不代表你是沒有價值的存在。

就像並不是你得了肺炎或癌症，你就是失敗者、不值得被愛的存在、沒有價值的存在一樣，心理問題只是在告訴你，是時候需要接受適當的治療了；只是需要暫時休息一下的時候而已。

然而，某個瞬間，吞噬你的憂鬱與不安會這樣告訴你：

「你既是個失敗者，也是不值得被愛與沒有價值的人。」

這令人討厭的聲音會漸漸變大且更加豐富，伴隨著各種變奏，將你深深浸泡在無力感與無望感之中。經歷過憂鬱的人們應該很清楚那茫然的絕望是什麼。

但，沉醉在那聲音之中，開始上演小劇場是不行的。請不要放任憂鬱、不安、內向、完美主義、依賴、委屈、理想自我、自責等，影響你建構自我認同。不要因為被每次努力擺脫那框架之後所經歷的困惑或陌生的情緒嚇到，就再次回到那空殼裡。

人類本來就很複雜。

可以同時憂鬱且幸福，可以一邊失敗一邊學習，可以維持一段關係但又獨立。請記得，有研究顯示，即使是不安全依附狀態下長大的成人，也能建立新的安全依附關係，在五年內變成「習得的安全依附」。

雖然不是也無所謂，

但請不要手裡緊握著單一的認同，來回踱步碎念著應該如何解決這問題。

你還不了解你自己。

也不要用成就來建立自我認同。

許多人都在談論職場生活中的不快樂。(全職家庭主婦的職場就是家[38]。)不確定性與不可控制性不斷威脅你，想著自己是不是只會做這件事的人，導致自我價值總是下降。

但是，自我實現並不一定只能在職場達成。也可以把工作上存來的錢，用在別的地方達到自我實現。如果想幫助他人，可以存錢捐款；如果想繼續念書的話，用工作存來的錢，找不錯的研討會報名參加，或是自己組成同好會。

職業或成就只是構成你的各種碎片的其中之一。除了帶著責任感，和不

38 因為主婦的職場就是家，所以如果開始感受到不快樂的話，問題慢性化與加深的可能性是高的，因為沒有下班後可以休息的家。

錯的同事們一起竭盡全力完成很棒的成果的「態度」之外，不要試圖用工作的成就或地位來形容你自己。也沒有必要向自己或他人強調自我角色的重要性，這也是種過度的自我意識。若抱持著某件事非我來不可的想法，會產生不必要的力量，很容易陷入情緒勞動而消耗殆盡。

實際上，也有研究結果顯示，如果執意背負著自己所屬團體的代表性，並想達到成就的話，會導致表現水準隨之下降。

請不要總是給自己賦予重要的意義，並承擔那漸漸擴大的人生意義，或人生意義缺席的位置。

不要為了誰而活。

讓你變得快樂是最優先的事。

請不要透過人際關係或與他人比較，來填滿空虛或自我概念。

近期的研究發現，雖然有因為自尊高而獲得社會性支持的情況，但隨著獲得社會性支持，自尊同時提升的模式是無法得到驗證的。

特別是請不要執著於人際關係的廣度，進而用心玩著社群媒體。把自己「想要展現」的日常生活或人際關係，展示在假想的廣場上，對形成個人的不適感、剝奪感與自卑感都會產生影響。

在名為《他們比我幸福並過著更好的生活》（They are happier and having better lives than I am）的研究論文中，也充分表達了這樣的個人不幸福感。使用社群媒體的同時，比起看起來比自己辛苦的人，自動就會以看起來比自己幸福快樂的人為對象，進行社會比較，因此加深了自卑、嫉妒與不穩定的自尊。

以非常簡化的例子來說，假設我的社群媒體上有三百六十五位好友，他們每天都在為失眠、悲傷與擔憂奮鬥，每個人一年之中只有一天發生了好事，然後輪流各自上傳一次看起來很快樂的照片。如此一來，就算術上而言，三百六十五天，我每天都能看到別人碰到的好事。最後，以「我為什麼不能受邀參加派對？」、「為什麼我假日晚上沒有約？」之類的問題，界定了自己的憂鬱，每天只能重複著沒有答案的疑問。三百六十五天當中，你肯定也有一天發生了好事。

他也在為了生活努力著，只是看不到而已。

我也是如此，我們都各自那樣生活著。

因此，請不要隨意簡化自己與他人生活的價值然後貼上標籤，並附加符合那框架的訊息。

此外，有空的時候，必須要區分對你的人生來說不重要與重要的人。

人生在世，總是會對某些人感到羞恥、自卑、敵意，有時候甚至感到殺氣，但每當湧上這些負面情緒時，必須要分辨那個人是否真的對自己的人生來說有這麼大的意義。那麼就會明白，大部分都沒那麼重要。

就像垃圾簡訊一樣。

當收到想利用你的垃圾簡訊，而妨礙到你工作的時候，沒必要一一回撥電話去追究為什麼知道你的電話號碼、為什麼打給你、有什麼意圖；只要快速瀏覽，然後按下封鎖鍵，繼續工作就好了。

當意識到那個人對自己的人生來說是毫無意義時，就會體驗到那時折磨自己的那些情緒，馬上變得安靜。也可能在經過長期的憤怒之後，試圖想理解那個人：「考慮到他的人生與脈絡，如果是他的話確實可能會說出那種話。」等這類的想法，這樣也很好。但如果連這個階段都過了，不知不覺地，他的行為或意見已經不再重要到可以動搖自己的人生，有時候甚至覺得沒什麼大不了。

你可以不對自己或他人生氣，保持你的品格。

也不要幻想成為不一樣的自己，以獲取對你人生不重要的人的喜愛。請賦予自己複雜多樣的故事力量，讓被自己視為是現實的負面自我認同感與殘酷指責，可以讓位給自己溫柔接納的有關自己的想法與感受。

不是在開玩笑，你既內向，又同時具備幾個外向的技能；雖然敏感，但知道有些部分需要有點遲鈍；容易被他人的無禮傷害，但會馬上考慮他人的立場；因為你憂鬱且不安，所以可以看到別人所看不見的世界。

更加親切地對待你所有的面貌，對自己再慈悲一些也沒關係。對最愛的人說說你能說的話；請不要對自己無禮。

我們可以透過再養育的過程，變得更加堅強；可以在不安的漩渦中，優雅地昂首闊步；可以拒絕接近把自己當作情緒垃圾桶的人。

慢慢來，

慢慢進行這一切吧。

又久又深的傷口都還沒結痂癒合，請不要因為好奇長出多少新肉，就急忙地拆了又拆，一邊問：「有在好轉嗎？現在為什麼在笑呢？維持這個樣子也沒關係嗎？」考驗著他人與自己。請給自己幾年的時間，一步一步地接受自己。

無論你變得對自己多麼地寬容，你仍然會努力的，你依舊不會給別人添麻煩。你本性就是如此。現在你可以稍微隨心所欲地對待自己也沒關係，更加接納自己、理解自己也沒關係。

戀人也好，心理師也好，如果有個人安全地擁抱並安慰你，那固然很好，但若是沒有遇到那樣的人，只要自己持續理解自己就可以了。

一邊告訴自己，做得很好，你現在做得很好。

你現在做得很好，一直以來都做得很好。

就算其他事我不知道，

但這點我很清楚。

結語

我們在非常不了解自己的情況下，把自己定義成是不正常的，結果為了擁有健康的自我竭盡全力，或是提前放棄。

就這樣，無法分離慢性負面思考與本來的自我，並被埋沒其中，失去審視自己內在數千張臉孔的機會。

本書試圖從腦科學與心理學兩個層面，提供可以探索「我」的途徑。雖然腦科學與心理學不是可以明確被區分的，但以大腦造影研究方法論進行的心理學．精神醫學研究經常統稱為腦科學研究，因此在這本書中也依循這樣的區分方法。

許多腦科學研究的目標在於闡明情緒與思考的神經生物學機制，為處理無法掌握的內心問題提供了很好的基礎，以透過大腦的語言或認知語言來解釋說明。

感謝你在閱讀這本書的時候，沒有因為陌生的大腦話題而感到厭倦。不要太過費心於理解大腦的區域與功能，但希望你在複雜的迷宮盡頭，記住這一點就好。

人們在旅行途中感到腳痠的話，會說：「今天好累，我走慢一點。」自然而然地怪在腳上；工作到一半割到手的話，會說：「手指受傷了，所以工作暫時會有點困難。」怪罪到手上，並暫時休息一下；但關於因為大腦功能問題所導致的各種精神健康問題，卻很難怪罪到大腦上。只把自己的無力、焦慮不安、憂鬱、低自尊或在意他人，視為是「我的錯」。

然而，我想告訴大家，你可以說「這都是大腦的錯」，這是更科學的。一邊想著：「原來我的大腦是這樣的啊。」、「雖然因為大腦的不正常運作而迷了路，但長久以來累積數十年的科學研究默默地為我照亮回去的路啊。」一邊當作是觸手可及、有助於理解自己的動態與問題的資料使用吧。如果哪天，與自己的努力無關的厄運降臨，動搖了你的世界的話，麻煩請稍微責怪一下腦袋，有時候則觀察一下狀況，給大腦一些純真地休息的空間。這個夥伴也都做到了，一直以來竭盡所能。

在寫這本書的時候，因為簡化說明了研究內容，內心感到有些遺憾，但希望大家有機會透過參考文獻，更深入了解研究者們的論述。

臨床心理學的部分，我希望以心理學者們的研究或建議為基礎，專注於正在經歷臨床問題的人們的故事上。

評斷與研究精神病理，並考量診斷與治療介入的臨床心理學，因為是處理精神疾病的心理學領域，所以雖然對我而言是很熟悉的案例，但我想對各位來說，讀起來應該相當沉重。如果這些故事讓你感到陌生與負擔的話，那太好了，真的是萬幸；若不曾有過這些經驗，就是值得感謝的事了。但或許有些人覺得這本書上的案例故事聽起來就像「自己的故事」一樣；因為將無數的案例濃縮成一篇文章，構成一篇篇故事，所以可能也反映了我們各自的問題。

本來就沒有正常的人，也沒有一直都幸福的家庭。佛洛伊德定義所謂精神上的「正常」狀態，是「有點歇斯底里」（a little hysteric）、「有點偏執」（a little paranoid）、「有點強迫」（a little obsessive）。

我們就是這樣的吧。

我們充分不充足，也完全不完整。

但這樣也沒關係。

最後我想說，希望你能慢慢明白，其實一直以來你的運氣都很好。

讀著這本書的同時，你可以因為嘲諷的玩笑而笑出來的認知資源與身體機能、對在線上與實體書店買書不陌生的社會文化基礎經驗、可以批評父母的錯誤或自己寫下有關憂鬱的文章的語言表達能力，以及可以辨別他人的無禮並感到不悅的道德標準等，這些當然也有因為你的努力而達成的部分，但更大部分是靠運氣換來的。

偶然來自遺傳的組合，
偶然在一起的家人與身邊的人們，
以及偶然的學習經驗，
都決定了很大一部分的你。

就像高智商會導致憂鬱與焦慮的研究發現，與創意性越高，會變得越憂鬱的研究結果，以及當某人表現出脆弱與缺陷時，對他的好感度會提高的研究結果所指出的一樣，使你感到絕望、你曾咒罵的某些要素，都是被你忽視的幸運。

當你開始意識到過去那些無意間就被忽略或很容易發現的幸運時，希望你總有一天能想想那些連這些幸運都（偶然地）無法擁有的社會弱者們。

雖然不錯的機能、還可以的社會經濟狀態、還不錯的教育、還行的社會支持系統為精神健康問題起了很有意義的緩衝效果，但這些資源比起個人的努力，大部分來自運氣。

認知資源不足的人們應該接受怎麼樣的心理治療呢？換句話說，那樣的情況下，如何可以獲得對自己的洞察呢？不對，一定要獲得嗎？

感知的社會經濟狀態或支持系統貧弱的話會如何？其實這裡重要的是「感知（perception）」這一概念。根據研究顯示，比起實際狀態，他人感知的社會經濟狀態、感知的社會支持系統才是問題。要如何讓他們感覺到社會是支持著他們的呢？

然而，這所有問題，請在你變得幸福快樂到一定程度之後再來煩惱。

只有你感到幸福快樂了，才能知道如何讓別人感到幸福快樂。希望你隨時都把自己擺在第一順位。

本書中所提到的許多案例、傳達的故事，對我來說也是一樣痛苦的。對於帶著一天上上下下好幾次的脆弱自尊過日子的我而言，這些主題沒有一個是容易的。雖然決心要在研究室與臨床故事間穿梭，寫出稍微冷靜的文章，但關於你我的傷心、安心、痛苦、感激都糾纏在一起，於是當初的決心漸漸變得慚愧。

偶爾在生命的不同階段仔細看這本書的故事的話，可能會發現每篇讀起來又不太一樣。隨著你的心靈形態不斷改變，有時候會心痛，有時候覺得煩躁，有時候讀起來可能無動於衷，但你不斷在變得更加成熟。

此外，把這些故事加上你自己的故事，也能為身邊的人們提供頗有道理的洞察。

並且我真心的祈禱與期望，由數千個故事組成的你，不被任何人的隨便一個理由傷害；持續的新期待能慢慢擴展你浩大的故事，你能慢慢體會。

感謝你的閱讀。

但願這本書能照亮一個人的、一小片的心靈形態也好；希望能減輕你的罪惡感與悲傷。

專業用語說明

若想更詳細理解，必須要進一步認識的大腦語言：

內側前額葉皮質 medial prefrontal cortex

包覆額葉兩邊的皮質內側區域；達成工作記憶、注意、壓抑、自我概念、解決問題、揣測他人內心等高層次認知功能。

腦島 insula

被額葉與顳葉覆蓋著而看不見的大腦皮質部位；主要影響體驗及意識到情感，與自我感知以及同理心有關。

扣帶迴皮質 cingulate cortex

包圍著連結左腦與右腦的神經束；前扣帶迴皮質特別處理伴隨生理上的痛苦而來的疼痛資訊，對類似經歷拒絕的心理痛苦也有所反應，參與了情緒、注意、調節衝動與決策。

白質迴路 white matter pathway

連接灰質與灰質間的神經纖維，扮演傳遞資訊的通道。

顳葉顳上迴 superior temporal gyrus

屬於顳葉的區域，是處理語言與聽覺刺激、解讀目光或肢體動作的社會性意義等工作的核心區域。

紋狀體 striatum

位在大腦深處的區域，屬於大腦的獎勵迴路；參與建立行為與獎勵的關聯性，以及動機、計畫與決策。

前額葉 prefrontal lobe

位在額頭正後方的額葉前側部位；負責推論與計畫的功能，以及抑制與開始行為等高層次的認知功能。

依核 nucleus accumbens

扮演調節與整合有關獎勵的刺激與情緒。

顳葉 temporal pole

聽覺資訊第一個傳達的區域；也參與處理臉孔辨識等深度的視覺資訊，以及語意記憶。

顳頂葉交界區 temporoparietal junction

位在顳葉與頂葉相接的部位；做為執行社會性相互作用相關功能的核心區域，參與同理他人的情感，以及理解他人的觀點。

杏仁核 amygdala

杏仁形狀的大腦構造，在恐懼、憤怒、焦慮等情感相關的學習過程中，扮演很重要的角色。在與情緒有關的記憶、決策方面，也是核心的區域。

海馬迴 hippocampus

負責學習與記憶；海馬迴的損傷會導致阿茲海默症的記憶喪失等。

灰質 grey matter

用肉眼觀察大腦與脊髓時，呈現灰白色的部分。

■為了詳細說明大腦各個區域，在大腦與大腦構造名稱前面也加上了位置；位在前方是「前側」，後方是「後側」，下方是「腹側」，中間或內部是「內側」，旁邊則是「外側」。舉例來說，「腹側紋狀體」指的是紋狀體區域的下半部。

參考文獻

若想更詳細了解，必須要進一步查閱的論文

低自尊

- Chavez, R. S., & Heatherton, T. F. (2014). Multimodal frontostriatal connectivity underlies individual differences in self-esteem. Social Cognitive and Affective Neuroscience, 10(3), 364-370.
- Chavez, R. S., & Heatherton, T. F. (2017). Structural integrity of frontostriatal connections predicts longitudinal changes in self-esteem. Social Neuroscience, 12(3), 280-286.
- Eisenberger, N. I., Inagaki, T. K., Muscatell, K. A., Haltom, K. E. B., & Leary, M. R. (2011). The neural sociometer: brain mechanisms underlying state self-esteem. Journal of Cognitive Neuroscience, 23(11), 3448-3455.
- Frewen, P., Thornley, E., Rabellino, D., & Lanius, R. (2017). Neuroimaging the traumatized self: fMRI reveals altered response in cortical midline structures and occipital cortex during visual and verbal self-and other-referential processing in women with PTSD. European Journal

of Psychotraumatology, 8(1), 1314164.

- Jaffee, S. R. (2017). Child maltreatment and risk for psychopathology in childhood and adulthood. Annual Review of Clinical Psychology, 13, 525-551.
- van Schie, C. C., Chiu, C. D., Rombouts, S. A., Heiser, W. J., & Elzinga, B. M. (2020). Stuck in a negative me: fMRI study on the role of disturbed self-views in social feedback processing in borderline personality disorder. Psychological Medicine, 50(4), 625-635.

外顯自尊與內隱自尊

- Alkozei, A., Smith, R., & Killgore, W. D. (2019). Implicit self-esteem is associated with higher levels of trait gratitude in women but not men. The Journal of Positive Psychology, 14(5), 587-592.
- Bosson, J. K., Lakey, C. E., Campbell, W. K., ZeiglerHill, V., Jordan, C. H., & Kernis, M. H.(2008). Untangling the links between narcissism and self esteem: A theoretical and empirical review. Social and Personality Psychology Compass, 2(3), 1415-1439.
- Izuma, K., Kennedy, K., Fitzjohn, A., Sedikides, C., & Shibata, K. (2018). Neural activity in the reward-related brain regions predicts implicit self-esteem: A novel validity test of psychological measures using neuroimaging. Journal of Personality and Social Psychology, 114(3), 343-357.
- Rameson, L. T., Satpute, A. B., & Lieberman, M. D. (2010). The neural correlates of implicit and explicit self-relevant processing. NeuroImage, 50(2), 701-708.

- Rash, J. A., Matsuba, M. K., & Prkachin, K. M. (2011). Gratitude and well being: Who benefits the most from a gratitude intervention?. Applied Psychology: Health and Well Being, 3(3), 350-369.
- Renner, F., Siep, N., Lobbestael, J., Arntz, A., Peeters, F. P., & Huibers, M. J. (2015). Neural correlates of self-referential processing and implicit self-associations in chronic depression. Journal of Affective Disorders, 186, 40-47.
- Rudman, L. A., Dohn, M. C., & Fairchild, K. (2007). Implicit self-esteem compensation: Automatic threat defense. Journal of Personality and Social Psychology, 93(5), 798-813.
- Yang, J., Dedovic, K., Guan, L., Chen, Y., & Qi, M. (2014). Self-esteem modulates dorsal medial prefrontal cortical response to self-positivity bias in implicit selfrelevant processing. Social Cognitive and Affective Neuroscience, 9(11), 1814-1818.

自我接納

- Baumeister, R. F., Campbell, J. D., Krueger, J. I., & Vohs, K. D. (2003). Does high selfesteem cause better performance, interpersonal success, happiness, or healthier lifestyles?. Psychological Science in the Public Interest, 4(1), 1-44.
- Biswal, B., Zerrin Yetkin, F., Haughton, V. M., & Hyde, J. S. (1995). Functional connectivity in the motor cortex of resting human brain using echo planar MRI. Magnetic Resonance in Medicine, 34(4), 537-541.

- Carhart-Harris, R. L., & Friston, K. J. (2010). The default-mode, ego-functions and free-energy: a neurobiological account of Freudian ideas. Brain, 133(4), 1265-1283.
- Salone, A., Di Giacinto, A., Lai, C., De Berardis, D., Iasevoli, F., Fornaro, M.,… & Giannantonio, M. D. (2016). The interface between neuroscience and neuropsychoanalysis: focus on brain connectivity. Frontiers in Human Neuroscience, 10,20.
- Van Den Heuvel, M. P., & Pol, H. E. H. (2010). Exploring the brain network: a review on resting-state fMRI func tional connec tivity. European Neuropsychopharmacology, 20(8), 519-534.
- Vatansever, D., Menon, D. K., & Stamatakis, E. A. (2017). Default mode contributions to automated information processing. Proceedings of the National Academy of Sciences, 201710521.

情感匱乏與依賴性

- Atzil, S., Hendler, T., & Feldman, R. (2011). Specifying the neurobiological basis of human attachment: brain, hormones, and behavior in synchronous and intrusive mothers. Neuropsychopharmacology, 36(13), 2603-2615.
- Bakermans-Kranenburg, M. J., & van IJzendoorn, M. H. (2009). The first 10,000 Adult Attachment Interviews: Distributions of adult attachment representations in clinical and non-clinical groups. Attachment & Human Development, 11(3), 223-263.

- Debbané, M., Badoud, D., Sander, D., Eliez, S., Luyten, P., & Vrti ka, P. (2017). Brain activity underlying negative self-and other-perception in adolescents: The role of attachment-derived self-representations. Cognitive, Affective, & Behavioral Neuroscience, 17(3), 554-576.
- DeWall, C. N., Masten, C. L., Powell, C., Combs, D., Schurtz, D. R., & Eisenberger, N. I. (2011). Do neural responses to rejection depend on attachment style? An fMRI study. Social Cognitive and Affective Neuroscience, 7(2), 184-192.
- Krause, A. L., Borchardt, V., Li, M., van Tol, M. J., Demenescu, L. R., Strauss, B., … & Walter, M. (2016). Dismissing attachment characteristics dynamically modulate brain networks subserving social aversion. Frontiers in Human Neuroscience, 10, 77.
- Lemche, E., Giampietro, V. P., Surguladze, S. A., Amaro, E. J., Andrew, C. M., Williams, S. C., … & Simmons, A. (2006). Human attachment security is mediated by the amygdala: Evidence from combined fMRI and psychophysiological measures. Human Brain Mapping, 27(8), 623-635.
- Norman, L., Lawrence, N., Iles, A., Benattayallah, A., & Karl, A. (2014). Attachmentsecurity priming attenuates amygdala activation to social and linguistic threat. Social Cognitive and Affective Neuroscience, 10(6), 832-839.
- Rijkeboer, M. M., Daemen, J. J., Flipse, A., Bouwman, V., & Hagenaars, M. A. (2020). Rescripting experimental trauma: Effects of imagery and writing as a way to reduce the development of intrusive memories. Journal of Behavior Therapy and Experimental Psychiatry,

67, 101478.

不安與完美主義

- Barke, A., Bode, S., Dechent, P., Schmidt-Samoa, C., Van Heer, C., & Stahl, J. (2017). To err is (perfectly) human: behavioural and neural correlates of error processing and perfectionism. Social Cognitive and Affective Neuroscience, 12(10), 1647-1657.
- Curran, T., & Hill, A. P. (2017). Perfectionism is increasing over time: A meta-analysis of birth cohort differences from 1989 to 2016. Psychological Bulletin.
- DeWall, C. N., MacDonald, G., Webster, G. D., Masten, C. L., Baumeister, R. F., Powell, C., … & Eisenberger, N. I. (2010). Acetaminophen reduces social pain: Behavioral and neural evidence. Psychological Science, 21(7), 931-937.
- Flett, G. L., Nepon, T., & Hewitt, P. L. (2016). Perfectionism, worry, and rumination in health and mental health: A review and a conceptual framework for a cognitive theory of perfectionism. In Perfectionism, health, and well-being (pp. 121-155). Springer International Publishing.
- Frost, R. O., Marten, P., Lahart, C., & Rosenblate, R. (1990). The dimensions of perfectionism. Cognitive Therapy and Research, 14(5), 449-468.
- Rijkeboer, M. M., Daemen, J. J., Flipse, A., Bouwman, V., & Hagenaars, M. A. (2020). Rescripting experimental trauma: Effects of imagery and writing as a way to reduce the

development of intrusive memories. Journal of Behavior Therapy and Experimental Psychiatry, 67, 101478.

- Weinberg, A., Olvet, D. M., & Hajcak, G. (2010). Increased error-related brain activity in generalized anxiety disorder. Biological Psychology, 85(3), 472-480.
- Wu, D., Wang, K., Wei, D., Chen, Q., Du, X., Yang, J., & Qiu, J. (2017). Perfectionism mediated the relationship between brain structure variation and negative emotion in a nonclinical sample. Cognitive, Affective, & Behavioral Neuroscience, 17(1), 211-223.

委屈與外在歸因

- Blackwood, N. J., Howard, R. J., Bentall, R. P., & Murray, R. M. (2001). Cognitive neuropsychiatric models of persecutory delusions. American Journal of Psychiatry, 158(4), 527-539.
- Decety, J., Michalska, K. J., Akitsuki, Y., & Lahey, B. B. (2009). Atypical empathic responses in adolescents with aggressive conduct disorder: a functional MRI investigation. Biological Psychology, 80(2), 203-211.
- Giardina, A., Caltagirone, C., & Oliveri, M. (2011). Temporo-parietal junction is involved in attribution of hostile intentionality in social interactions: an rTMS study. Neuroscience Letters, 495(2), 150-154.
- Lettieri, G., Handjaras, G., Ricciardi, E., Leo, A., Papale, P., Betta, M., ... & Cecchetti, L. (2019).

Emotionotopy in the human right temporo-parietal cortex. Nature Communications, 10(1), 1-13.

- Samson, D., Apperly, I. A., Chiavarino, C., & Humphreys, G. W. (2004). Left temporoparietal junction is necessary for representing someone else’ s belief. Nature Neuroscience, 7(5), 499-500.
- Seidel, E. M., Eickhoff, S. B., Kellermann, T., Schneider, F., Gur, R. C., Habel, U., & Derntl, B. (2010). Who is to blame? Neural correlates of causal attribution in social situations. Social Neuroscience, 5(4), 335-350.
- Udachina, A., Varese, F., Oorschot, M., Myin-Germeys, I., & Bentall, R. P. (2012). Dynamics of self-esteem in ‘poor-me’ and ‘bad-me’ paranoia. The Journal of Nervous and Mental disease, 200(9), 777-783.
- Wang, Y., Luppi, A., Fawcett, J., & Anderson, M. C. (2019). Reconsidering unconscious persistence: Suppressing unwanted memories reduces their indirect expression in later thoughts. Cognition, 187, 78-94.

尖銳防衛

- Bushman, B. J. (2002). Does venting anger feed or extinguish the flame? Catharsis, rumination, distraction, anger, and aggressive responding. Personality and Social Psychology Bulletin,

28(6), 724-731.

- Chue, A. E., Gunthert, K. C., Ahrens, A. H., & Skalina, L. M. (2017). How does social anger expression predict later depression symptoms? It depends on how often one is angry. Emotion, 17(1), 6-10.
- Jackson, M. C., Linden, D. E., & Raymond, J. E. (2014). Angry expressions strengthen the encoding and maintenance of face identity representations in visual working memory. Cognition & Emotion, 28(2), 278-297.
- Lewis, S. J., Arseneault, L., Caspi, A., Fisher, H. L., Matthews, T., Moffitt, T. E., ... & Danese, A. (2019). The epidemiology of trauma and post-traumatic stress disorder in a representative cohort of young people in England and Wales. The Lancet Psychiatry, 6(3), 247-256.
- Menon, M., Schmitz, T. W., Anderson, A. K., Graff, A., Korostil, M., Mamo, D., ⋯ & Kapur, S. (2011). Exploring the neural correlates of delusions of reference. Biological Psychiatry, 70(12), 1127-1133.
- Pankow, A., Katthagen, T., Diner, S., Deserno, L., Boehme, R., Kathmann, N., ⋯ & Schlagenhauf, F. (2015). Aberrant salience is related to dysfunctional self-referential processing in psychosis. Schizophrenia Bulletin, 42(1), 67-76.
- Peschard, V., & Philippot, P. (2017). Overestimation of threat from neutral faces and voices in social anxiety. Journal of Behavior Therapy and Experimental Psychiatry, 57, 206-211.
- Tavris, C. (1984). On the wisdom of counting to ten: Personal and social dangers of anger

expression. Review of Personality & Social Psychology, 5, 170-191.

憂鬱感與人生的意義

- Ding, Y., Lawrence, N., Olie, E., Cyprien, F., Le Bars, E., Bonafe, A., … & Jollant, F. (2015). Prefrontal cortex markers of suicidal vulnerability in mood disorders: a model-based structural neuroimaging study with a translational perspective. Translational Psychiatry, 5(2), e516.
- Hamilton, J. P., Siemer, M., & Gotlib, I. H. (2008). Amygdala volume in major depressive disorder: a meta-analysis of magnetic resonance imaging studies. Molecular Psychiatry, 13(11), 993-1000.
- He, Q., Turel, O., & Bechara, A. (2017). Brain anatomy alterations associated with Social Networking Site (SNS) addiction. Scientific Reports, 7, 45064.
- Joormann, J., Cooney, R. E., Henry, M. L., & Gotlib, I. H. (2012). Neural correlates of automatic mood regulation in girls at high risk for depression. Journal of Abnormal Psychology, 121(1), 61-72.
- Kempton, M. J., Salvador, Z., Munafò, M. R., Geddes, J. R., Simmons, A., Frangou, S., & Williams, S. C. (2011). Structural neuroimaging studies in major depressive disorder: meta-analysis and comparison with bipolar disorder. Archives of General Psychiatry, 68(7), 675-690.
- Videbech, P., & Ravnkilde, B. (2004). Hippocampal volume and depression: a metaanalysis of MRI studies. American Journal of Psychiatry, 161(11), 1957-1966.

- Yolken, R., Stallings, C., Origoni, A., Katsafanas, E., Sweeney, K., Squire, A., & Dickerson, F. (2019). Exposure to household pet cats and dogs in childhood and risk of subsequent diagnosis of schizophrenia or bipolar disorder. PloS one, 14(12), e0225320.
- Yoon, S., Kleinman, M., Mertz, J., & Brannick, M. (2019). Is social network site usage related to depression? A meta-analysis of Facebook–depression relations. Journal of Affective Disorders, 248, 65-72.
- Wise, T., Radua, J., Via, E., Cardoner, N., Abe, O., Adams, T. M., ⋯ & Dickstein, D. P. (2017). Common and distinct patterns of grey-matter volume alteration in major depression and bipolar disorder: evidence from voxel-based meta-analysis. Molecular Psychiatry, 22(10), 1455-1463.

國家圖書館出版品預行編目資料

不用完美，做個還不錯的人就好：韓國腦科學專家革命性療癒聖經，寫給每個感到自卑、焦慮、挫折、痛苦的你！ / 許智元 著；邱琡涵 譯. -- 初版. -- 臺北市：平安文化, 2022.05 面；公分. --（平安叢書；第717種）(UPWARD；128)

譯自：나도 아직 나를 모른다
ISBN 978-986-5596-83-5(平裝)

1.CST: 自我實現 2.CST: 自我肯定 3.CST: 生活指導

177.2　　　　111005412

平安叢書第0717種
UPWARD 128

不用完美，做個還不錯的人就好

韓國腦科學專家革命性療癒聖經，寫給每個感到自卑、焦慮、挫折、痛苦的你！

나도 아직 나를 모른다
(BRAIN SCIENCE GIVES YOU THE COMFORTING OF THE HEART)

作　　者—許智元
譯　　者—邱琡涵
發 行 人—平　雲
出版發行—平安文化有限公司
台北市敦化北路120巷50號
電話◎02-27168888
郵撥帳號◎18420815號
皇冠出版社（香港）有限公司
香港銅鑼灣道180號百樂商業中心
19字樓1903室
電話◎2529-1778　傳真◎2527-0904
總 編 輯—許婷婷
執行主編—平　靜
責任編輯—陳思宇
美術設計—李偉涵
行銷企劃—薛晴方
著作完成日期—2020年
初版一刷日期—2022年5月

法律顧問—王惠光律師

讀者服務傳真專線◎02-27150507
電腦編號◎425128
ISBN◎978-986-5596-83-5
Printed in Taiwan
本書定價◎新台幣320元／港幣107元